Christa Pöppelmann

Deutsche Geschichte kompakt

Christa Pöppelmann

Deutsche Geschichte kompakt

Ereignisse, Persönlichkeiten
und Daten

Christa Pöppelmann hat Geistes- und Sozialwissen-
schaften studiert. Sie arbeitet als Journalistin und hat
mehrere Bücher zu Philosophie und Geschichte sowie
diverse Ratgeber veröffentlicht.

© Gondrom Verlag GmbH, Bindlach 2008
Covergestaltung: Jarzina Kommunikations-Design, Köln
Bildnachweis: © akg (9), © digitalstock (39, 103, 131), © Bridgeman Art
Library (73), MEV (161)

011

ISBN 978-3-8112-3129-0

5 4 3 2 1

www.gondrom-verlag.de

Inhalt

Wie die Vergangenheit die Gegenwart bestimmt

Die Geschichte Deutschlands ist spannend. Sie ist bunt, vielschichtig, oft nicht leicht zu verstehen und hatte große Auswirkungen auf die Welt und auf Politik und Kultur des heutigen Deutschlands – im Guten wie im Schlechten. Wer Deutschland verstehen will, muss auch wissen, wie das Land zu dem wurde, was es heute ist.

Die deutsche Geschichte ist in vielem anders als die anderer europäischer Länder. Es ist eine Geschichte, die sowohl im Frankenreich als auch im mittelalterlichen Kaiserreich stets mit der Historie anderer europäischer Nationen verwoben war. Es ist eine Geschichte, in der es immer einen starken Föderalismus gab, der häufig zur Last, aber auch immer wieder zur Chance wurde. Es ist eine Geschichte, in der schwierige politische Verhältnisse oft zu einer kulturellen Blüte führten. Es ist schließlich auch eine Geschichte, die mit dem lange ersehnten deutschen Nationalstaat ihre schwärzeste Epoche erlebte.

Die Last der NS-Diktatur scheint die deutsche Geschichte oft zu erdrücken. Viele fordern dann einen „unverkrampften Umgang" mit der Historie. Doch unverkrampft kann nur ein ehrlicher, wahrhaftiger Blick auf die Fakten sein. Diese Fakten lassen sich nicht mehr ändern, aber sie können dazu beitragen, dass wir ein besseres Verständnis für unser Land entwickeln und aus vergangenen Situationen für die Zukunft lernen.

482 – 1024
Vom Frankenreich zur Konsolidierung des römisch-deutschen Kaiserreichs

Die politische Geschichte Deutschlands beginnt mit Chlodwig I. aus dem Geschlecht der Merowinger, der 482 fränkischer Häuptling wurde und das Frankenreich gründete, das die Keimzelle der heutigen Staaten Frankreich, Niederlande, Belgien, Luxemburg, Schweiz und Deutschland ist.

Gegen Ende des 7. Jahrhunderts ging die Macht der Merowinger-Könige jedoch auf ihre obersten Beamten, die späteren Karolinger, über. Pippin der Jüngere gewann 751 durch eine Allianz mit den Päpsten die fränkische Königswürde, sein Sohn Karl der Große im Jahr 800 sogar die weströmische Kaiserkrone.

Die eigenständige deutsche Geschichte begann mit der Teilung des Karolingerreichs im Jahr 840 und führte 911 zu einer endgültigen Loslösung des deutschen Königreichs von Frankreich. König Otto I. erneuerte das römisch-deutsche Kaiserreich, das seine Nachfolger konsolidierten.

Zerfall des römischen Reichs

Im Jahr 476 setzte in Rom der germanische Heerführer Odoaker den weströmischen Kaiser Romulus Augustulus ab. Damit hörte das weströmische Reich auf zu existieren. In dieses Machtvakuum stießen die Goten oder Vandalen, die in Südeuropa mehrere Reiche gründeten. Währenddessen fand am Niederrhein eine viel folgenreichere Entwicklung statt: Bereits im 3. Jahrhundert hatten sich mehrere germanische Stämme zusammengeschlossen und begonnen, die römische Macht im heutigen deutsch-belgisch-niederländischen Grenzgebiet auszuhöhlen. Die Römer nannten sie deshalb Franken, was die „Frechen" oder „Kecken" bedeutet. Rom versuchte, der Gefahr zu begegnen, indem es die Germanen zu „foederati" (Bundesgenossen) machte. Childerich I. aus der Familie der Merowinger herrschte über ein Gebiet, das vom Atlantik bis zur Rhön, von Nancy bis zum Ijsselmeer reichte – teils als germanischer König der Salfranken, teils als römischer Beamter und Verwalter der Provinz Belgica. Das verbliebene römische Territorium in Gallien schützte er gegen Angriffe Dritter, während er seine Macht über immer mehr fränkische Stämme ausdehnte.

Die Gründung des Frankenreichs durch Chlodwig I.

Während sich bis dahin germanische Stämme wie die Salfranken vor allem als Gefolge eines bestimmten Herrschers definiert hatten, ohne ein fest umrissenes Stammesgebiet zu haben, begann Childerichs I. Sohn Chlodwig I. ein Territorialreich, das Frankenreich, zu gründen. Er eroberte nacheinander so verschiedene Gebiete wie die letzten Reste der römischen Provinz Gallien (Reich des Syagrius), das Westgotenreich in Südfrankreich und die Siedlungsräume der Alemannen im heutigen Baden-Württemberg. Seine Söhne fügten dem Reich Thüringen, Burgund und die Provence hinzu.

Als entscheidender außenpolitischer Vorteil erwies sich Chlodwigs I. Übertritt zum katholischen Christentum. Damit erwarben sich die Franken die Unterstützung des Papstes und des oströmischen Kaisers – im Gegensatz zu den meisten anderen germanischen Stämmen, die dem arianischen Christentum anhingen, das die Päpste als Ketzerei verurteilten.

Das Frankenreich

Chlodwig I. und seine Söhne herrschten über ein multikulturelles Reich, in dem die eigentlichen Franken nach Schätzungen der Historiker nur etwa zwei Prozent der Bevölkerung ausmachten.

Um dieses Reich regieren zu können, tastete Chlodwig I. die existierenden Ordnungen möglichst wenig an. Die römischen Verwaltungsstrukturen im ehemaligen Gallien blieben bestehen, genauso wie auch die germanischen Völker (Alemannen, Burgunder und Thüringer) ihre Strukturen behalten durften. Dieses Zugeständnis galt jedoch nur so lange, wie sie den geforderten Tribut zahlten, loyal gegen die fränkischen Könige blieben und diese bei weiteren Eroberungszügen unterstützten.

Bei seinem eigenem Volk, den Franken, war Chlodwig I. dagegen nicht so großzügig: Er ersetzte den alten Adel, der ihm eventuell gefährlich werden konnte, durch verlässliche Gefolgsleute. Auch das germanische Thing – eine Versammlung aller freien Männer als ein politisches Entscheidungsgremium – schaffte er weitgehend ab.

Die Aufteilung des Reichs

Doch in der Folgezeit schwächten sich die Merowingerkönige selbst, indem sie ihr Reich immer unter allen Söhnen aufteilten. Durch die zunehmende Vereinzelung des Reichs sowie Bruderkriege wurde ihre Macht schließlich mehr und mehr eingeschränkt.

Nach ständigen blutigen Auseinandersetzungen zerfiel es schließlich in zwei Teile: das westliche Neustrien, das weitgehend aus den ehemals römischen Gebieten Galliens bestand, und den Vorläufern Deutschlands, das östliche Austrien, das – mit Ausnahme des Rheinlandes – ärmer, dünner besiedelt und weniger kultiviert war.

Zu den politischen Rivalitäten kam mit der Zeit auch eine sprachliche Trennung: Während im Osten germanische Dialekte gesprochen wurden, setzte sich im Westen eine volkstümliche Variante des Lateinischen durch, aus dem sich später die französische Sprache entwickelte.

Die Vorgeschichte

Die Cro-Magnon-Menschen, die Vorfahren der heutigen Europäer, wanderten vor etwa 40 000 Jahren zur Zeit der Weichsel-Würm-Eiszeit (etwa 90 000 bis 15 000 v. Chr.) in das Gebiet nördlich der Alpen ein. Vermutlich waren sie vor allem Rentierjäger, zogen den Herden nach und lebten in Zelten und Hütten. Die Höhlen, in denen sie ihre Zeichnungen hinterließen (zum Beispiel Lascaux, Altamira), dienten wohl als kultische Versammlungsräume.

Nach der Eiszeit wurde die Bewaldung dichter und die Menschen lebten als Fischer und Fallensteller. Im 6. Jahrtausend v. Chr. begannen die ersten Bauern sesshaft zu werden. Das Wissen für die landschaftliche Nutzung erhielten sie aus dem Nahen Osten. Etwa um 2000 v. Chr. gelang es indoeuropäischen Einwanderern aus dem Osten – auf welche Weise ist unbekannt –, ihre Sprache, ihre Religion und ihre stark hierarchische Gesellschaftsordnung in fast ganz Europa zu etablieren. In den folgenden eineinhalb Jahrtausenden bildete sich etwa nördlich der Linie Dortmund-Berlin sowie in Dänemark und Südschweden die germanische Kultur. Süd- und Mitteldeutschland dagegen waren das Zentrum des keltischen Kulturraums, der insgesamt von Burgund bis zu den Karpaten reichte. Der äußerste Osten gehörte schließlich zur Lausitzer Kultur, dessen Grenzen sich von Polen bis Ungarn erstreckten.

Etwa um 1800 v. Chr. begannen die Europäer Metall zu verarbeiten. Vor allem die keltischen Fürsten wurden mit der Organisation des Bergbaus und durch den Handel mit Erzen und Salz sehr reich. Durch diese Umstände bildeten sich hierarchische Gesellschaftsstrukturen heraus. Der Fernhandel brachte auch einen intensiveren Austausch mit den höher entwickelten Regionen rund um das Mittelmeer und im Nahen Osten mit sich.

Um 450 v. Chr. kam es dann zu kulturellen Verschiebungen – wohl aufgrund von Klimaverschlechterungen. Die germanische Kultur breitete sich bis zur Donau aus und verdrängte dort die keltische, während diese dafür fast ganz Westeuropa „eroberte". Wie kriegerisch dieser Prozess aber wirklich war, weiß man bis heute nicht.

Im 1. Jahrhundert v. Chr. unterwarfen die Römer schließlich alle Gebiete westlich des Rheins und südlich der Donau. Weitere Expansionen nach „Germanien" gaben sie nach der verheerenden Niederlage gegen den Heerführer Arminius im Jahr 9 (Schlacht im Teutoburger Wald) auf und befestigten stattdessen die Grenze. Entlang des Grenzwalls Limes entstanden die ersten deutschen Städte wie Köln, Mainz oder Augsburg. Vor allem Köln wurde ein bedeutendes wirtschaftliches Zentrum innerhalb des römischen Reichs.

Im Jahr 375 löste der Einbruch der Hunnen in die Siedlungsgebiete der Goten am Schwarzen Meer eine Völkerwanderung aus. Die germanischen Stämme aus dem heutigen Osteuropa flohen nach Süden oder Westen, während sich östlich von Elbe und Böhmerwald nach dem Abzug der Hunnen Slawen ansiedelten.

Der Aufstieg der Karolinger

In der zweiten Hälfte des 7. Jahrhunderts begann die Macht der Könige zugunsten ihrer obersten Beamten, der Hausmeier, zu schwinden. In Austrien konnte die Familie der Pippiniden (später Karolinger) schließlich sogar einen erblichen Anspruch auf dieses Amt durchsetzen. 687 eroberte der austrische Hausmeier Pippin von Heristal (auch Pippin der Mittlere) auch die Macht über Neustrien. Ab dieser Zeit gab es faktisch wieder ein vereintes Frankenreich unter der Regierung von Pippin von Heristals Familie. Allerdings waren die nächsten rund 100 Jahre von ständigen außenpolitischen, innenpolitischen und innerfamiliären Kämpfen geprägt. Im Jahr 751 machte Pippin von Heristals Enkel Pippin der Jüngere dem Königtum der Merowinger ein Ende und ließ sich – mit der Zustimmung des Papstes – zum neuen König ausrufen. Drei Jahre später forderte der neue Papst Stephan II. als Gegenleistung von Pippin dem Jüngeren Schutz gegen die Langobarden, die sein Herrschaftsgebiet rund um Rom bedrohten. Stephan II. ernannte die fränkischen Könige daraufhin zu den Schutzherren der Kirche. Damit war eine Allianz geschmiedet worden, die schließlich zur Gründung des römisch-deutschen Kaiserreichs führte.

Karl der Große

Im Jahr 799 suchte Papst Leo III. bei dem späteren Karl dem Großen, dem Sohn von Pippin dem Jüngeren, Schutz vor dem römischen Adel. Karl besetzte daraufhin Rom und organisierte eine Gerichtsverhandlung, die die streitenden Parteien versöhnte. Dafür krönte ihn Leo III. im Jahr 800 zum römischen Kaiser.

Wie seine Vorgänger auch, führte Karl der Große zahlreiche rücksichtslose Kriege, um seine Herrschaft zu sichern und auszubauen. Er eroberte Sachsen, den Norden Spaniens, das oberitalienische Langobarden- und das südosteuropäische Awarenreich, gliederte Bayern endgültig in das Frankenreich ein und machte mehrere slawische Stämme tributpflichtig. Des Weiteren sorgte Karl der Große aber auch für einen kulturellen Aufschwung seines Reichs.

Das Lehnswesen

Das mittelalterliche Lehnswesen bestand aus gegenseitigen Verpflichtungen. Der Kaiser „lieh" seinen adeligen Untertanen Land und Ämter, die ihm dafür Loyalität, eine Einhaltung der Gesetze und Gefolgschaft im Krieg schuldeten. Die Adeligen (Kronvasallen) liehen das Land an Ritter (Aftervasallen) weiter, die den Kronvasallen dafür ebenfalls Gefolgschaft zusichern mussten. Die Ritter schließlich teilten das Land unter hörigen Bauern auf. Diese mussten als Gegenleistung bestimmte Abgaben leisten und Dienste verrichten, hatten dafür aber auch Anspruch auf Schutz. Viele Bauern begaben sich sogar freiwillig in die Hörigkeit, um damit vom Kriegsdienst befreit zu sein. Mit der Zeit wurden die Lehen erblich und konnten einer Familie nur in Ausnahmefällen entzogen werden.

Das römisch-deutsche Kaiserreich

Formal knüpften Karl der Große und Leo III. mit der Errichtung des Kaiserreichs an das 476 untergegangene weströmische Reich an. Dabei ignorierten sie den Anspruch der oströmischen Kaiser, die legitimen Erben des gesamten römischen Kaiserreichs zu sein. Nach dem Tod Karls des Großen wurde die Kaiserkrone jedoch erst einmal zum politischen Machtinstrument, das die Päpste ihren Favoriten im Kampf um die italienische Königskrone verliehen.

962 belebte Otto I. die fast schon tot geglaubte Idee eines umfassenden christlichen Kaiserreichs neu. In der Folge wurden nur noch deutsche Könige zu Kaisern gekrönt, mussten sich diese Würde aber oft von den Päpsten teuer erkaufen. Auch ihren Anspruch, als römische Kaiser zugleich Könige von Italien zu sein, konnten sie meist nur mit blutigen Feldzügen durchsetzen. Außer Italien gehörten auch andere Gebiete wie zum Beispiel Böhmen oder Burgund nur zum Kaiserreich, nicht aber zum deutschen Königreich. Insgesamt aber war das Kaiserreich ein schwer greifbares Gebilde, das weder ein festes Territorium noch eine geregelte Verfassung hatte.

Der Begriff „Heiliges Römisches Reich Deutscher Nation" tauchte erst im 15. Jahrhundert auf. Zur gleichen Zeit nahm Maximilian I. erstmals die Kaiserwürde an, ohne sich vom Papst krönen zu lassen. Im 16. Jahrhundert wurde es üblich, dass jeder neu gewählte deutsche König automatisch den Titel Kaiser bekam.

Die Teilung des Reichs

Nach dem Tod Karls des Großen führte Ludwig der Fromme die Politik seines Vaters weiter. Dann jedoch sorgte die fränkische Sitte, das Reich unter allen Söhnen aufzuteilen, erneut für Probleme. Nach mehreren Bruderkriegen blieben übrig: Ludwig der Deutsche, der den Ostteil des Landes erhielt, und Karl der Kahle, an den der Westen fiel. Die Könige des ostfränkischen Reichs waren jedoch nicht in der Lage, das Reich vor den skandinavischen Wikingern zu schützen, und verloren immer mehr von ihrer Macht. Einzelne Adelsfamilien in den alten Stammesgebieten (Sachsen, Rheinfranken, Schwaben, Bayern und Lothringen) erkämpften sich so wieder eine starke Herzogsmacht. Als im Jahr 911 die ostfränkischen Karolinger ausstarben, wählten die Herzöge den rheinfränkischen Herzog Konrad I. zum König. Die Trennung von Ost- und Westfrankenreich war vollzogen.

Die Ottonen

Als Konrad I. im Jahr 918 starb, empfahl er den Herzögen einen Nachfolger: Heinrich von Sachsen. Da es kein geregeltes Wahlverfahren gab, dauerte es zwei Jahre, bis dieser als Heinrich I. regieren konnte. Deshalb ließ er im Jahr 930 seinen Sohn Otto (den späteren Otto I.) von den Herzögen als Mitkönig und Nachfolger anerkennen. Auf diese Weise sicherten die deutschen Könige des Mittelalters trotz des Wahlrechts den Fortbestand ihrer Dynastie. Allerdings kostete sie das ihm Laufe der Zeit immer mehr Privilegien.

Die Konsolidierung des Reichs unter Otto I.

Otto I. gilt als der eigentliche Begründer des römisch-deutschen Kaiserreichs. Offensichtlich hatte er bereits bei seiner Krönung vor, die seit 924 nicht mehr vergebene Kaiserwürde zu erlangen. Jedenfalls ließ er sich 936 in Aachen, der Stadt Karls des Großen, krönen. 951 heiratete er Adelheid von Burgund, die Witwe des letzten italienischen Königs, und erhob damit Anspruch auf die italienische Königskrone. Elf Jahre später konnte er den Papst bewegen, ihn zum Kaiser zu krönen. Obwohl Otto I. während seiner Herrschaft mit diversen Aufständen fertig werden musste, hinterließ er seinen Nachfolgern ein gefestigtes Reich.

Außenpolitische Veränderungen unter Otto III.

Während der Regierungszeit seines Enkels Otto III. änderte sich die Landkarte Europas nochmals entscheidend. Führten die früheren Herrscher ständig Kriege gegen die Wikinger, Slawen, Ungarn oder Awaren, bildeten sich nun sowohl in Dänemark als auch in Polen, Böhmen und Ungarn christliche Reiche. Dem idealistisch veranlagten, sehr gebildeten und frommen Otto III. schwebte eine noch umfassendere Erneuerung des römischen Reichs vor als seinem Großvater. Er wollte in Rom als Oberhaupt einer freundschaftlichen Föderation christlicher Fürsten regieren. Deshalb gewährte er den Fürsten von Polen und Ungarn königliche Rechte. Nach seinem Tod kehrte sein Cousin Heinrich II. jedoch wieder zu einer nüchternen Machtpolitik zurück.

482   Der Salfrankenkönig Childerich I. aus dem Geschlecht der Merowinger stirbt. Nachfolger wird sein sechzehnjähriger Sohn Chlodwig I., der sofort eine aggressive Machtpolitik beginnt. 486 erobert er das Reich des römischen Statthalters Syagrius, den letzten Rest der einstigen römischen Provinz Gallien.

um 496   Chlodwig I. heiratet die Burgundenprinzessin Chrodechilde (auch Chlothilde) und besiegt die Alemannen in der Schlacht von Zülpich. Danach lässt er sich in Reims mit einigen Tausend fränkischen Adeligen katholisch taufen. Das genaue Datum der Taufe ist umstritten, der späteste diskutierte Termin ist das Jahr 507. Als Preis für seine Taufe verlangt Chlodwig vom Papst die Entscheidungshoheit über alle kirchenpolitischen Angelegenheiten in seinem Reich.

Chlodwig I.

So bedeutend die Rolle Chlodwigs I. für die spätere deutsche und französische Geschichte war, so wenig weiß man im Grunde über ihn selbst. Er wurde 466 als Sohn des Königs Childerich I. und einer thüringischen Prinzessin geboren. Seine Taten weisen ihn als skrupellos und machthungrig, aber auch als taktisch geschickt, organisatorisch brillant und realistisch aus. Er entmachtete alle Kräfte, die ihm gefährlich werden konnten, und behielt bei, was ihm nutzte, wie zum Beispiel die römische Verwaltung. Auf diese Weise gelang es ihm, sehr verschiedene Kulturen zusammenzuhalten.

Seine Schwester Audofleda verheiratete er 493 mit dem ostgotischen König Theoderich dem Großen, der in Ravenna residierte. Doch die beiden mächtigsten germanischen Herrscher der damaligen Zeit schlossen kein Bündnis, sondern kamen sich 507 mit ihren Ansprüchen in Südfrankreich ins Gehege.

511 Das Reich Chlodwigs I. fällt an seine vier Söhne Theuderich (Austrien), Chlodomer (um Orleans), Chlothar I. (um Soissons) und Childebert I. (um Paris). In der Folge erobern sie die Reiche der Thüringer und Burgunden und pressen den Ostgoten die Provence ab. Bayern, Friesen, Sachsen und Sorben werden tributpflichtig.

524 Nach Chlodomers Tod töten seine Brüder zwei seiner Söhne, schicken einen dritten ins Kloster und teilen sich sein Reich. 555 beerben Childebert I. und Chlothar I. Theuderichs kinderlos gestorbenen Enkel. Drei Jahre später stirbt auch Childebert I. ohne Nachkommen und Chlothar I. wird König des Gesamtreichs.

561 Chlohtar I. stirbt. Das Reich wird wieder unter vier Söhnen aufgeteilt: Charibert I. erhält die Gegend um Paris, Guntram I. Burgund, Sigibert I. Austrien und Chilperich I. Neustrien.

567   Charibert I. stirbt kinderlos und seine Brüder teilen sein Reich auf. Dabei kommt es zu Streitigkeiten. Außerdem lässt Chilperich I. von Neustrien seine Frau Gailswintha erdrosseln, um seine Geliebte Fredegunde zu heiraten. Sein Bruder Sigibert I. von Austrien, der mit Gailswinthas Schwester Brunhilde verheiratet ist, erklärt ihm den Krieg. 575 wird Sigibert I. ermordet, 584 Chilperich I. Die Königinnen Fredegunde von Neustrien und Brunhilde von Austrien führen den Bürgerkrieg jahrzehntelang im Namen ihrer minderjährigen Kinder weiter – eine Auseinandersetzung, mit der sich das Nibelungenlied ausführlich beschäftigt.

um 590   Columban, der erste iroschottische Missionar, kommt ins Frankenreich. Seine Missionstätigkeit führt zu Problemen mit den einheimischen Bischöfen, wird aber von den austrischen Königen gefördert.

613   Nachdem einer ihrer Enkel den anderen ermordet hat, will die Regentin Brunhilde von Austrien nun einen ihrer vier Urenkel zum neuen König ernennen. Der austrische Adel, angeführt von Hausmeier Pippin von Landen und Bischof Arnulf von Metz, nutzt dies zur Revolte und wendet sich an Fredegundes Sohn Chlothar II. von Neustrien. Chlothar II. erobert Austrien, bringt Brunhilde und ihre Urenkel um und eint das Merowingerreich. Der Adel nötigt ihm jedoch Zugeständnisse ab, die ein Jahr später im „Edictum Chlotharii" festgehalten werden. Der König verpflichtet sich, in jedem Reichsteil einen starken Hausmeier einzusetzen und immer nur einheimische Adelige zu Grafen zu machen. Damit wird der Grundstein zur späteren Macht der Hausmeier gelegt.

um 630   Nach dem Tod Chlothars II. fällt das ganze Reich an seinen ältesten Sohn Dagobert I. Nach seinem Tod im Jahr 639 werden Austrien und Neustrien unter seinen Söhnen wieder selbstständig.

679 – 714   Pippin von Heristal (auch Pippin der Mittlere), ein Enkel von Pippin von Landen und Arnulf von Metz aus dem Geschlecht der Arnulfinger, regiert als Hausmeier in Austrien. Im Jahr 687 besiegt er den neustrischen Hausmeier Berchar in der Schlacht bei Tertry. Etwa zehn Jahre später kann er seinen siebzehnjährigen Sohn Grimoald zum Hausmeier von Neustrien machen. Zwischen 690 und 695 erobert er Friesland.

714   Pippins Nachfolger als Hausmeier des fränkischen Gesamtreichs wird sein Sohn Karl Martell. Nach ihm wird das herrschende Geschlecht fortan als Karolinger bezeichnet. Allerdings dauert es zunächst noch fünf Jahre, bis Karl Martell seinen Anspruch auf das Amt des Hausmeiers gegen seine Brüder durchsetzen kann.

800   850   900   950   1000   1050

719 –
754

Der angelsächsische Missionar Bonifatius baut mit Billigung der Hausmeier kirchliche Strukturen im Frankenreich auf. Er gründet die Bistümer Passau, Freising, Regensburg, Eichstätt, Würzburg, Erfurt und Salzburg sowie zahlreiche Klöster. Außerdem missioniert er noch weitgehend heidnische Gebiete wie Thüringen, Hessen, Sachsen und Friesland, wo er schließlich ermordet wird.

732

Karl Martell besiegt die Araber in der Schlacht bei Tours und Poitiers.

Der Sieg bei Tours und Poitiers

Bei Tours und Poitiers besiegte Karl Martell mit seinen südfranzösischen Verbündeten das Heer des andalusischen Statthalters Abd ar-Rahman. Dabei kämpften wohl etwa 15 000 Franken gegen 20 000 spanische Araber (Mauren). Der Sieg machte weiteren Eroberungen der Araber nördlich der Pyrenäen ein Ende. Allerdings hielten sich arabische Besitzungen um Narbonne bis 759. Ob Abd ar-Rahman tatsächlich eine Eroberung geplant hatte oder nur einen Raubzug in das reiche Tours, ist umstritten. Karl Martell reformierte nach dem Sieg sein Heer, indem er eine aus Adeligen bestehende schwere Reiterei aufstellte. Als Gegenleistung stellte er ihnen Ländereien zur Verfügung. Damit legte er sowohl die Grundlage für das Lehnswesen als auch für das Rittertum.

450   500   550   600   650   700

741 Karl Martell stirbt. Seine Erben werden seine Söhne Pippin der Jüngere (auch Pippin der Kurze) und Karlmann, der jedoch 747 freiwillig Mönch wird. Pippin der Jüngere baut seine Macht aus, indem er sich in die inneren Angelegenheiten der Stammesherzogtümer einmischt. In Alemannien schafft er die Herzogswürde ab, in Bayern setzt er den unmündigen Tassilo III. ein.

751 Pippin der Jüngere fragt bei Papst Zacharias an, ob es nicht besser sei, wenn derjenige, der die Macht in Händen halte, auch König sei. Nachdem ihm der Papst das bestätigt hat, lässt er sich zum König der Franken ausrufen. Den letzten Merowinger Childerich III. steckt er ins Kloster. Ob Pippin der Jüngere auch von Bonifatius zum König gesalbt wird, ist umstritten.

754 Papst Stephan II. reist zu Pippin dem Jüngeren und lässt sich von diesem eine gefälschte Urkunde bestätigen, nach der angeblich Kaiser Konstantin ganz Mittelitalien dem Heiligen Stuhl schenkte (Konstantinische Schenkung). Im Gegenzug erkennt er Pippin den Jüngeren als Schutzherren der katholischen Kirche an und krönt ihn und seine Söhne in Saint-Denis (28. Juli). In den beiden folgenden Jahren unternimmt Pippin der Jüngere zwei Feldzüge gegen den Langobardenherzog Aistulf, der das oströmische Exarchat von Ravenna erobert hat und nun Rom bedroht. Nach dem Sieg über Aistulf über-

gibt Pippin der Jüngere Ravenna dem Papst (Pippinische Schenkung) und legt damit den Grundstein für den Kirchenstaat.

768   Pippin der Jüngere stirbt. Seine Söhne Karl der Große und Karlmann I. folgen ihm als fränkische Könige nach.

Karl der Große

Karl der Große wurde vermutlich am 2. April 748 geboren und soll tatsächlich sehr groß gewesen sein. Zwei verschiedene Messungen seiner Gebeine kamen auf 1,82 beziehungsweise 1,92 Meter. Seine Bedeutung liegt darin, dass er nicht nur außenpolitisch sehr erfolgreich – wenn auch skrupellos – agierte und damit die Bedeutung des Frankenreichs stärkte, sondern auch die Fähigkeiten und das echte Interesse hatte, einen zivilisatorischen Aufschwung im Inneren herbeizuführen. So soll er zum Beispiel höchstpersönlich Listen entworfen haben, welche Heilpflanzen in den Klostergärten angebaut werden sollten, um die medizinische Versorgung zu verbessern. Er starb 814 in seiner Lieblingspfalz in Aachen.

771 –   Karlmann I. stirbt und Karl der Große ignoriert die Erban-
774   sprüche von dessen Söhnen. Deshalb flieht Karlmanns I. Witwe zum Langobardenkönig Desiderius. Dieser versucht, Papst Hadrian I. zu nötigen, Karlmanns I. Söhne zu fränkischen Königen zu salben. Als Vormund der

450   500   550   600   650   700

Kinder möchte er dann selbst Einfluss im Frankenreich nehmen. Hadrian ruft jedoch Karl den Großen zur Hilfe, der Desiderius besiegt und das Langobardenreich dem Frankenreich angliedert.

772 –
804
In mehreren äußerst grausam geführten Kriegen besiegt Karl der Große die Sachsen, die noch Heiden waren, sich aber auch politisch einer Oberherrschaft der Franken widersetzten und immer wieder Raubzüge auf fränkisches Gebiet unternahmen. Dabei sollen 782 in Verden rund 4 500 sächsische adelige Geiseln umgebracht worden sein. 785 ergibt sich der sächsische Heerführer Widukind und lässt sich taufen. Ab 792 kommt es nur noch zu kleineren Erhebungen. Karl der Große zwingt die Sachsen zur Taufe und siedelt viele ins fränkische Reich um, während Franken und slawische Obotriten sächsisches Land erhalten.

778
Auf Bitten mehrerer spanischer Emire beginnt Karl einen Feldzug gegen das Kalifat in Cordoba. Doch da ihn die Emire im Stich lassen, tritt er bald wieder den Rückzug an. In Roncesvalles in den Pyrenäen wird die Rückhut von einheimischen Basken völlig aufgerieben. Dabei stirbt auch der bretonische Markgraf Ruotland, der später als Held Roland verklärt wird. 785 und 801 kann Karl der Große kleine Teile Nordspaniens erobern und gründet 806 die spanische Mark.

Die Marken

In den Grenzgebieten seines Reichs fasste Karl der Große mehrere Gaugrafschaften zusammen und unterstellte sie als Mark einem Markgrafen. Dieser hatte das Recht, bei Angriffen selbstständig zu agieren. Außer der spanischen Mark gründete Karl der Große auch eine bretonische, eine dänische, eine sorbische und eine pannonische Mark sowie die Ostmark und die Marken Kärnten und Friaul.

800 (25. Dezember) Im Weihnachtsgottesdienst krönt Papst Leo III. Karl den Großen zum Kaiser. Sein Titel lautet: „Allergnädigster erhabener, von Gott gekrönter, großen Frieden stiftender Kaiser, das römische Reich regierend, von Gottes Gnaden auch König der Franken und Langobarden". Als Zeichen der Anerkennung als oberster weltlicher Herr übersendet der Patriarch von Jerusalem Karl dem Großen die Schlüssel des Heiligen Grabes.

812 Der oströmische Kaiser Michael I. erkennt Karl den Großen – im Austausch gegen Venetien und Dalmatien, die Karls Sohn Pippin kurzzeitig erobert hatte – als Kaiser, wenn auch nicht als römischen Kaiser, an.

814 – 840 Der einzige überlebende Sohn von Karl dem Großen, Ludwig der Fromme, wird sein Nachfolger. Er führt die Politik seines Vaters fort, indem er unter anderem das

450   500   550   600   650   700

Lehnswesen weiter ausbaut und die Rechtspflege vorantreibt. Daneben widmet er sich vor allem der Reform der Klöster.

833 Bereits 817 hat Ludwig der Fromme verfügt, dass sein ältester Sohn Lothar sein Nachfolger wird, die beiden anderen Söhne jedoch als Unterkönige in den verschiedenen Reichsteilen regieren sollen. Als er 829 seinen Sohn aus zweiter Ehe, Karl den Kahlen, in diese Regelung aufnehmen will, rebellieren die anderen drei Söhne, bis es schließlich 833 auf dem „Lügenfeld" bei Colmar zur offenen Feldschlacht gegen den Vater kommt. Das Heer von Ludwig dem Frommen läuft zu seinen Söhnen über und Ludwig der Fromme wird abgesetzt. Ein Jahr später jedoch vertreiben die Söhne Pippin und Ludwig der Deutsche den älteren Lothar und Ludwig der Fromme wird erneut zum Herrscher gekrönt.

843 Die drei überlebenden Söhne Ludwigs des Frommen – Lothar, Ludwig der Deutsche und Karl der Kahle – teilen in Verdun das Reich unter sich auf. Karl der Kahle erhält den Westen, Ludwig der Deutsche den Osten und Lothar den Mittelteil. 870, nach dem Tod Lothars und seiner Söhne, teilen Karl der Kahle und Ludwig der Deutsche „Lotharingien", sodass letztlich nur zwei fränkische Reiche entstehen. Italien und die Kaiserkrone kann sich zunächst Karl sichern.

885   Karl III. (der Dicke), letzter überlebender Sohn von Ludwig dem Deutschen, wird noch einmal Kaiser des gesamten Frankenreichs. Da er das Land aber nicht gegen die Einfälle der Wikinger verteidigen kann, die Raubzüge bis nach Koblenz und Trier unternehmen, wird er 887 zur Abdankung zugunsten seines Neffen Arnulf von Kärnten gezwungen.

911   Nach dem Tod von Arnulfs Sohn (Ludwig dem Kind) ignorieren die ostfränkischen Herzöge die Thronansprüche der westfränkischen Karolinger und wählen in Forchheim den Herzog Konrad zu ihrem neuen König Konrad I. Die Herzöge von Lothringen schließen sich jedoch aus Protest gegen Konrads I. Wahl dem westfränkischen Reich an und können erst 925 wieder zum Seitenwechsel genötigt werden.

919 –   Regierungszeit Heinrichs I. Der sächsische Herzog aus
936   dem Geschlecht der Liudolfinger hat zunächst nur die Unterstützung der Sachsen und Franken und braucht zwei Jahre, um auch Bayern und Schwaben auf seine Seite zu bringen. 921 erkennen ihn auch die westfränkischen Karolinger als König an und akzeptieren damit endgültig den Bestand zweier unabhängiger fränkischer Reiche. Das Hauptaugenmerk von Heinrich I. gilt dem Kampf gegen die Ungarn. 926 handelt er gegen jährliche Tributzahlungen einen Waffenstillstand aus. In

dieser Zeit baut er Abteien und Herrensitze entlang der Elbe zu befestigten Militärposten aus und legt bewusst Gerichtstage und Märkte in diese Grenzorte, um die neuen Siedlungen zu stärken. Zu dieser Zeit entstehen die ersten Burgen, aber auch Städte wie Hamburg oder Magdeburg. Außerdem reformiert Heinrich I. das Heer und stärkt vor allem die schwere Kavallerie. Zwischen 927 und 929 unterwirft Heinrich I. mehrere slawische Stämme in Brandenburg. Danach macht er Böhmen tributpflichtig. 932 stellt er die Tributzahlungen an die Ungarn ein. Im März des folgenden Jahres kommt es zur Schlacht an der Unstrut, in der die gepanzerten deutschen Ritter die leichte Reiterei der Ungarn schlagen. Ein Jahr später besiegt Heinrich I. die Dänen.

Otto I.

Der bedeutendste Herrscher der Ottonen – und der Namensgeber dieses Geschlechts – wurde 912 in der Pfalz Wallhausen (Mansfelder Land) geboren. Er wurde im Jahr 930 zum Mitkönig und alleinigen Erben ernannt. Im gleichen Jahr schloss er eine äußerst prestigeträchtige Ehe mit Editha, einer Halbschwester des englischen Königs, die er wohl sehr liebte und die 946 starb. Ottos I. sehr prunkvoller Krönung am 7. August 936 in Aachen messen die Historiker symbolische Bedeutung für seine künftige Reichspolitik bei. Vermutlich hegte Otto I. von Anfang an die Absicht, in die Fußstapfen Karls des Großen zu treten.

800   850   900   950   1000   1050

936 – 941 Während der ersten fünf Regierungsjahre Ottos I. herrscht permanenter Bürgerkrieg. Zunächst rebellieren sein älterer Bruder Thankmar und der jüngere Heinrich, die sich übergangen fühlen. Ihnen schließen sich große Teile des sächsischen Adels und nach und nach alle Herzöge an. Denn während Heinrich I. den Fürsten große Freiheiten gewährte, um seine Position zu sichern, übt Otto I. eine viele stärkere direkte Kontrolle aus und verteilt Lehen und Privilegien nach Loyalität, nicht nach traditionellen Rechten. Während der Kämpfe kommen sowohl Thankmar als auch die Herzöge von Lothringen und Franken um und der bayerische Herzog ergreift die Flucht. Otto I. behält Rheinfranken als direktes Land der Krone, gibt Lothringen an seinen Schwiegersohn Konrad den Roten, Bayern an seinen Bruder Heinrich, mit dem er sich ausgesöhnt hat, und verheiratet die Erbtochter des loyalen schwäbischen Herzogs mit seinem ältesten Sohn Liudolf. Damit hat er direkt oder über seine engsten Verwandten Einfluss in allen fünf Herzogtümern.

951 Otto I. zieht zum ersten Mal nach Italien. Dort hat der Markgraf Berengar von Ivrea Adelheid von Burgund, die Witwe des letzten italienischen Königs, gefangen genommen und sich selbst zum König gemacht. Otto I. befreit Adelheid, die sich nach einer Flucht in der Burg Canossa verschanzen konnte, und heiratet sie selbst.

Er lässt sich selbst mit der Langobardenkrone krönen, dem besiegten Berengar lässt er Italien, jedoch als königliches Lehen.

953 Die Geburt des künftigen Königs Otto II. führt dazu, dass Ottos I. älterer Sohn Liudolf und sein Schwiegersohn Konrad von Lothringen einen Aufstand beginnen, dem sich wieder zahlreiche unzufriedene Adelige anschließen. Im Verlauf des Jahres 954 kann Otto I. die Aufständischen nach und nach zur Kapitulation zwingen. Dabei helfen ihm vor allem seine Brüder Heinrich von Bayern, der mehrere erfolgreiche Schlachten schlägt, und Brun, Erzbischof von Köln und neuer Herzog von Lothringen, der dafür sorgt, dass es im Westen weitgehend ruhig bleibt, sowie der Augsburger Bischof Ulrich, der als nahezu einziger Machthaber in Schwaben für Otto kämpft.

Mit Brun hat Otto I. zum ersten Mal einen Bischof auch zum weltlichen Fürsten gemacht. In der Folge baut er dieses „Reichskirchensystem" weiter aus, da die Bischöfe gebildeter als die weltlichen Fürsten sind, nicht an ihre Erben denken müssen und sich im Schnitt als wesentlich loyaler erweisen.

955 (10. August) Otto I. besiegt die Ungarn in der Schlacht auf dem Lechfeld bei Augsburg.

Die Schlacht auf dem Lechfeld

Den Bürgerkrieg, den der Aufstand des Königssohns Liudolf in Süddeutschland ausgelöst hatte, nutzten die Ungarn zu Raubzügen, die bis nach Frankreich reichten. Im März 955 fiel ein etwa 50 000 Mann starkes Reiterheer in Schwaben ein und belagerte Augsburg, das jedoch – mit seinem Bischof Ulrich an der Spitze der Kämpfenden – standhielt.

Unterdessen war es Otto I. gelungen, ein etwa 15 000 Mann starkes Heer (davon zwei Drittel schwere Kavallerie) zu sammeln. Am 10. August kam es auf dem Lechfeld bei Augsburg zur Schlacht, die das kaiserliche Heer gewann.

Nach der Schlacht ließ Otto I. die Flüchtenden verfolgen und niedermachen. Die gefangenen Heerführer wurden in Regensburg hingerichtet. Vermutlich konnte nur ein Fünftel der Ungarn fliehen. In der Folge übernahm in Ungarn die Familie der Arpaden die Macht, zerschlug die alten Stammesstrukturen und begann, ein Reich mit guten Beziehungen zu den Kaisern aufzubauen.

962 (2. Februar) Nachdem Otto I. ihm gegen Berengar von Ivrea beigestanden hatte, krönt Papst Johannes XII. den deutschen König zum Kaiser. Später jedoch verbündet sich der Papst, dem sich Otto I. zu aktiv in die römische Politik einmischt, mit Berengar, sodass Otto I. erst im Jahr 965 wieder nach Deutschland zurückkehren kann.

450   500   550   600   650   700

968   Nachdem Otto I. große Teile des slawischen Gebietes östlich der Elbe unterworfen hat, errichtet er das Erzbistum Magdeburg sowie die Bistümer Zeitz (später Naumburg), Meißen, Merseburg und Oldenburg (in Holstein). Zwanzig Jahre zuvor hatte er bereits die Bistümer Brandenburg und Havelberg gegründet. Ottos I. Wunsch, Magdeburg zum Missionsbistum für alle heidnischen Gebiete jenseits der Elbe zu machen, entspricht der Papst jedoch nicht, da auch der seit 966 christliche Fürst Mieszko I. von Polen Anspruch auf diese Gebiete erhebt.

973 –   Regierungszeit Ottos II. Dieser ist bereits seit 961 Mitkö-
983   nig und seit 967 Mitkaiser. Nach dem Tod seines Vaters kommt es jedoch zu einer insgesamt fünf Jahre dauernden Rebellion seines Cousins, Heinrich des Zänkers von Bayern. 980 zieht Otto II. nach Rom, wo er Streitigkeiten zwischen dem Adel und mehreren Papstkandidaten schlichtet. Danach versucht er vergeblich, die Sarazenen in Unteritalien zu schlagen. Während er in Italien weilt, gehen durch einen Aufstand der Slawen die Gebiete zwischen Elbe und Oder verloren.

996   Otto III. zieht nach Rom und setzt dort seinen Cousin Brun von Kärnten als Papst Gregor V. ein. Dieser salbt ihn daraufhin zum Kaiser. Sobald Otto III. jedoch Rom verlassen hat, wird der fromme und zudem aus dem

Ausland stammende Gregor V. vom römischen Adel vertrieben. 998 unternimmt Otto III. deshalb einen weiteren Italienzug, setzt Gregor V. wieder ein und bestraft seine römischen Gegner sehr grausam.

1000 Im Winter unternimmt Otto III. einen Gewaltritt nach Gnesen, wo er am Grab seines Freundes Adalbert von Prag betet, der 997 als Missionar von den baltischen Pruzzen ermordet worden ist. Dabei gewährt er Fürst Boleslaw I. von Polen königliche Rechte, erlässt ihm Tribute und erhebt mit päpstlichem Segen Gnesen zum Erzbistum. Im Herbst des Jahres stimmt er auch der Krönung Stephans I. zum König von Ungarn und der Erhebung von Esztergom zum Erzbistum zu. Damit gibt Otto III. Privilegien ab, stärkt aber das Bündnis mit beiden Ländern.

1002 Nachdem Otto III. auf einem dritten Romzug vermutlich an Malaria gestorben ist, reitet sein Cousin Heinrich von Bayern, der Sohn des Zänkers, dem Leichenzug entgegen, bemächtigt sich der Reichskleinodien und lässt sich in Mainz von seinen Anhängern zum König Heinrich II. wählen. Anschließend unternimmt er einen gut sechs Monate dauernden Umritt durch das Reich, um in zähen Verhandlungen die Zustimmung aller wichtigen Fürsten zu erlangen. Im Gegensatz zu Otto III. engagiert sich Heinrich II. zunächst vor allem innenpolitisch.

1003   Ein Streit um Gebiete in Meißen führt zu einem Zer-
        würfnis zwischen Heinrich II. und Boleslaw Chrobry von
        Polen. Heinrich II. schließt gegen Boleslaw ein Bündnis
        mit den heidnischen Liutizen, denen er dafür Religions-
        freiheit gewährt, was bei Kirche und Adel im Reich für
        große Empörung sorgt.

1007   Heinrich II. und seine Frau Kunigunde gründen das Bis-
        tum Bamberg. Dies dient auch dazu, die eigene Macht-
        stellung auszubauen, denn wie Otto I. setzt Heinrich II.
        bei der Verwaltung des Reichs vor allem auf die kirch-
        lichen Strukturen.

Kunigunde

Sowohl Heinrich II. als auch seine Frau Kunigunde von
Luxemburg sind heilig gesprochen worden. Die Legende
verklärte die Kinderlosigkeit des Kaiserpaares zu einer ase-
xuellen „Josefsehe". Kunigunde soll sogar über glühende
Pflugscharen geschritten sein, um ihre angezweifelte
Keuschheit unter Beweis zu stellen. Historische Dokumen-
te belegen nichts dergleichen, zeigen aber, dass Kunigunde zum engsten Beraterstab ihres Mannes gehörte und
erheblichen Einfluss auf seine Politik hatte.

1024   Mit dem Tod Heinrichs II. erlischt die Dynastie der Ot-
        tonen. Bis zur Wahl seines Nachfolgers führt Heinrichs
        Witwe die Regentschaft.

1024 – 1517
Blüte und Ende des Mittelalters

Ab dem 11. Jahrhundert wurde der Anspruch der römisch-deutschen Kaiser, oberster weltlicher Herrscher zu sein, zunehmend in Frage gestellt. Zunächst waren es die Päpste, die sich nicht mehr mit einer Beschränkung auf religiöse Fragen abfinden wollten. Der Konflikt zwischen Kaiser- und Papsttum eskalierte im Investiturstreit und im Gang Heinrichs IV. nach Canossa.

Dieser Konflikt dauerte an, bis im 14. Jahrhundert das Papsttum massiv an Einfluss verlor. Gleichzeitig führten die unüberschaubar gewordenen politischen Strukturen im Kaiserreich aber auch dazu, dass zwar einzelne Fürsten, allen voran die Familie der Habsburger, ihre Stellung stärken konnten, der politische Zusammenhalt aber immer weiter verloren ging.

Die Salier und der Streit mit der Kirche

Der politische Wechsel von den ottonischen zu den salischen Herrschern in Deutschland verlief unspektakulär. Die Großen des Reichs einigten sich auf den Grafen Konrad von Speyer (Konrad II.), der zwar ein Ururenkel Ottos I. war, aber ansonsten bis zu seiner Wahl nicht allzu viel Einfluss hatte.

Die entscheidenden Veränderungen, die sich danach anbahnten, hatten mit Deutschland und dem neuen Herrschergeschlecht zunächst wenig zu tun. Es ging um die cluniazensische Reform der Kirche, die vom französischen Kloster Cluny aus um sich griff und das Ziel verfolgte, für mehr Moral und Frömmigkeit innerhalb der Kirche zu sorgen. Zudem sollte eine Loslösung der Klöster aus dem Herrschaftsanspruch der Bischöfe betrieben und diese stattdessen direkt dem Schutz des Papstes unterstellt werden. Damit hatten die deutschen Könige kein Problem, denn gerade weil Klöster und Bischöfe im Kaiserreich eine so bedeutende Rolle spielten, legten die Herrscher großen Wert auf geordnete Zustände.

Anders war es in Rom. Hier beherrschten korrupte Adelscliquen die Kirche und brachten Päpste wie Johannes XII. an die Macht, dem man unter anderem sogar nachsagte, fromme Pilgerinnen vergewaltigt zu haben. Im 11. Jahrhundert weiteten sich die cluniazensischen Reformforderungen deshalb auch auf das Papsttum aus. Man wollte wieder fromme Oberhäupter der Kirche, gleichzeitig aber auch eine völlige Unabhängigkeit von weltlicher Macht.

Der Investiturstreit und das Wormser Konkordat

Mit dem Streben der Kirche nach Unabhängigkeit begannen die Probleme für Deutschland: Denn die Kirche hatte hier gerade deshalb eine so bedeutende Stellung, weil die Herrscher auf sie mehr Einfluss nehmen konnten als auf die Reichsfürsten.

Die sogenannte Laieninvestitur, die Auswahl und Einsetzung der Bischöfe durch einen Laien (also den König), war ein bedeutendes Element für die Stabilität des Reichs. Konrads II. frommer Sohn Heinrich III. förderte die cluniazensischen Reformen dennoch mit allem Engagement und setzte die ersten Reformpäpste ein.

Unter seinem Sohn Heinrich IV. und dem äußerst machtbewussten Papst Gregor VII. kam es dann jedoch zur großen Konfrontation. Die alte Allianz zwischen Papsttum und Kaiserreich verkehrte sich plötzlich in ein erbittertes Gegeneinander. Heinrich IV. erklärte Gregor VII. für abgesetzt, Gregor VII. belegte Heinrich IV. im Gegenzug mit dem Kirchenbann.

Mit dem berühmten Gang nach Canossa konnte Heinrich IV. Gregor VII. zwar nötigen, den Bann aufzuheben, und sein Sohn Heinrich V. schloss 1122 im Wormser Konkordat einen Kompromiss in Sachen Laieninvestitur mit dem Vatikan – aber eine Aussöhnung zwischen Papsttum und Kaiserreich konnte nicht erreicht werden. Der Konflikt blieb weiterhin bestehen und eskalierte erneut unter dem Staufer Friedrich II.

Heinrich IV. und Gregor VII.

Nach dem Tod Heinrichs III. 1056 wird sein erst sechsjähriger Sohn Heinrich IV. zu seinem Nachfolger erklärt. Doch als der kleine König elf Jahre alt ist, versucht eine Fürstenclique um Bischof Anno von Köln, die Regentschaft an sich zu reißen und entführt den Jungen. Die Chroniken berichten, dass der kleine Heinrich fast ertrunken wäre, als er bei seiner Entführung in Kaiserswerth einen Fluchtversuch unternahm und in den Rhein sprang. Er wurde jedoch rechtzeitig herausgezogen.

Er wurde zunächst vom Kölner Erzbischof erzogen, den er wegen seiner Strenge hasste, dann vom Bremer Bischof, der zuließ, dass er sich vor allem mit Alkohol, Randale und Huren vergnügte. Als er fünfzehn Jahre alt war, zwang man ihm mit Bertha von Turin eine Frau auf, die er so wenig mochte, dass er drei Jahre später um die Scheidung bat und versicherte, die Königin sei noch Jungfrau. Daraufhin kanzelte ihn der päpstliche Legat als unsittlichen Frevler ab.

Von der Jugend seines großen Gegenspielers Papst Gregor VII. weiß man dagegen wenig. Er hieß ursprünglich Hildebrand, war etwa 30 Jahre älter als der König und stammte aus einfachen Verhältnissen in der Toskana. Etwa ab 1045 tauchte er im Gefolge der Päpste auf, wurde unter Leo IX. eine Art Finanzminister und unter Nikolaus II. und Alexander II. zur grauen Eminenz, die im Hintergrund die Fäden zog. Auf seine Initiative gingen zum Beispiel das Bündnis mit den Normannen und das Wahlrecht der Kardinäle zurück – gegen das er bei seiner eigenen Wahl verstieß. Wegen seiner Bedeutung für die Kirchenreform gilt er als einer der bedeutendsten Päpste. Ebenso verteufelte er zwar Simonie bei den weltlichen Herrschern, praktizierte diese jedoch selbst, um die päpstliche Macht durchzusetzen. In seinem „Dictatus Papae" (1075) erklärte er, dank seiner göttlichen Legitimation könne sich der Papst niemals irren und dürfe von niemandem gerichtet werden. Der Papst selbst habe aber die Macht, alle zu richten und weltliche Herrscher abzusetzen. Beim Versuch, diese Ansprüche auch durchzusetzen, zielte er besonders auf das römisch-deutsche Kaiserreich, weniger auf die anderen europäischen Staaten.

Sein Bann gegen den Kaiser im Jahr 1076 erschütterte die Christenheit. Denn mit dieser Maßnahme drohte der Papst jedem, der Heinrich IV. gehorchte, oder sich auch nur im selben Haus aufhielt wie er, ebenfalls den Ausstoß aus der Kirche an. Nachdruck verlieh Gregor VII. dieser Drohung, indem er fanatische Wandermönche einsetzte, die das Volk gegen die verdorbene weltliche und geistige Obrigkeit im Allgemeinen und den gebannten Kaiser im Besonderen aufwiegelten und die Menschen um ihr ewiges Seelenheil fürchten ließen. Mit dieser Taktik brachte er auch die deutschen Fürsten, die im Prinzip auf der Seite des Kaisers standen, dazu, von ihrem Herrscher zu fordern, den Bann innerhalb eines Jahres loszuwerden, wenn er seine Krone behalten wolle. Spätere päpstliche Bannsprüche entfalteten dann viel weniger Wirkung.

Trügerischer Glanz unter den Staufern

Durch die Spannungen zwischen der Kirche und den Regenten begann die besondere Stellung, die das römisch-deutsche Kaiserreich in Europa hatte, langsam zu schwinden. Die Päpste heuerten als neue militärische Schutzmacht 1059 die Normannen an, deren Eroberungen in Unteritalien und Sizilien sie im Gegenzug anerkannten. Politisch begannen sie sich Frankreich zuzuwenden, das sich viel schneller auf einen Kompromiss in der Laieninvestitur eingelassen hatte und sich zudem weit mehr bei den Kreuzzügen engagierte, die den Päpsten sehr am Herzen lagen.

Kulturelle und wirtschaftliche Blüte

Kulturell und wirtschaftlich war die Regierungszeit der Staufer (1138 bis 1254) jedoch die Blütezeit des Mittelalters. Im 11. Jahrhundert hatten zahlreiche Neuerungen wie der Räderpflug, die Egge und das Stirnjoch für Ochsen die Landwirtschaft effizienter gemacht. Überall wurden Wälder gerodet und neue Dörfer entstanden, deren Namen oft auf „-roda", „-rieth", „-loh", „-brand", „-hagen", „-schlag" oder „-scheid" endeten. Bis zur Mitte des 14. Jahrhunderts stieg die Bevölkerung von schätzungsweise 5 auf 15 Millionen Menschen.

Im 12. Jahrhundert wurde aus dem landwirtschaftlichen ein allgemein wirtschaftlicher Aufschwung. Denn die auf dem Land entbehrlich gewordenen Arbeitskräfte versuchten ihr Glück in den Städten.

Aufstieg der Städte

Schon Heinrich IV. hatte die Städte in besonderer Weise gefördert. Während seiner bewegten Regierungszeit waren die rheinischen Metropolen wie Worms und Speyer immer sein sicherster Rückhalt gewesen. Er revanchierte sich dafür mit Privilegien, etwa dem Marktrecht, dem Münzrecht, Brückenzöllen, Abgabenfreiheit oder dem Recht auf eine eigene Gerichtsbarkeit. Die Stauferkaiser förderten vor allem in ihrem Heimatsitz Schwaben das Entstehen von freien Reichsstädten, sich selbst verwalten durften. Die Stadtführung der rund 80 Reichsstädte war auf den Reichstagen genauso vertreten wie die altadeligen Reichsfürsten.

Strukturelle Probleme

Die Könige hatten inzwischen, um ihre Stellung zu sichern, einen Großteil ihrer Privilegien vergeben, was ihren politischen Handlungsspielraum stark einschränkte. Entsprechend war die Macht der Fürsten gewachsen, die die Könige als Regenten jedoch nicht ersetzen konnten, da sie oft genug nur am Wohl ihres Territoriums und ihrer Sippe interessiert waren. Außerdem waren durch die vielen kleinen Belohnungen und Zugeständnisse der Könige die Rechte und Privilegien derart aufgesplittert, dass es für ein Gebiet oft mehrere Herren gab. Die Stauferherrscher waren jedoch stark genug, diese Probleme einigermaßen im Griff zu behalten, sich auch außenpolitisch zu behaupten und ihre Macht sogar noch einmal auszubauen.

Die Ausbreitung im Osten

Seit den Zeiten der Merowinger versuchten alle Herrscher des Franken- und später des römisch-deutschen Kaiserreichs, die heidnischen Gebiete im Osten – zuerst die der anderen Germanen, dann die der Slawen – zu unterwerfen, zu christianisieren und an das Reich zu binden. Die Gebiete zwischen Elbe und Oder wurden jedoch zwischen dem 10. und 12. Jahrhundert immer wieder selbstständig und kehrten zum alten Glauben zurück. Im 12. Jahrhundert nahmen dann einzelne Fürsten das Land in Besitz. Heinrich der Löwe und Albrecht der Bär von Ballenstedt rangen dem Papst 1147 die Erlaubnis ab, einen Kreuzzug gegen die „Wenden", wie die Deutschen ihre slawischen Nachbarn nannten, führen zu dürfen. Heinrich der Löwe weitete diesen „Kreuzzug" in den folgenden Jahren zu einer systematischen Eroberung von Ostholstein und Mecklenburg aus. Albrecht der Bär schloss ein Bündnis mit dem bereits christlich gewordenen Fürst der Heveller. 1150 konnte er ihn beerben, sieben Jahre später die Mark Brandenburg gründen. Nach der Unterwerfung der Gebiete begannen Heinrich der Löwe und Albrecht der Bär mit einer Kolonisierung, wozu bei Heinrich dem Löwen die Zwangstaufe gehörte. Das Bevölkerungswachstum in Deutschland erlaubte ihnen, viele deutsche Siedler ins Land zu holen. Bis auf wenige Ausnahmen – wie die Sorben in der Lausitz – nahm die slawische Bevölkerung schnell die deutsche Sprache und Kultur an und vermischte sich mit den Neusiedlern aus dem Westen.

Auch die Fürsten der neu entstandenen osteuropäischen Reiche wie Schlesien, Pommern, Böhmen und Ungarn begannen im 12. Jahrhundert, deutsche Bauern anzuwerben, um noch unerschlossene Regionen zu besiedeln und damit die Entwicklung ihrer Reiche zu fördern. So siedelten die böhmischen Könige die Deutschen gezielt in den Hochlagen der Sudeten an, die ungarischen in Siebenbürgen. Auf großes Interesse im Osten stieß auch das deutsche Stadtrecht, das stadtspezifische Neuerungen wie Zunftrecht, Handelsrecht, städtische Gerichtsbarkeit oder Verwaltung regelte. Vor allem die im 12. Jahrhundert entstandenen Rechtsverfassungen von Lübeck und Magdeburg wurden zum Exportschlager. Zuerst waren es nur die Städte der deutschen Neusiedler, die nach deutschem Recht gegründet wurden, später entstanden bis in die Ukraine hinein slawische Ortschaften mit deutschem Stadtrecht. In Schlesien und Pommern war die Orientierung nach Westen sogar so groß, dass sich im 13. Jahrhundert die deutsche Sprache durchsetzte.

Die baltischen Gebiete Preußen, Livland, Estland und Kurland wurden dagegen im 13. Jahrhundert vom Deutschen Orden unterworfen. In Livland, Estland und Kurland etablierten die Ordensritter eine deutschsprachige Oberschicht, die bis ins 19. Jahrhundert über die estnische und lettische Bevölkerung herrschte. Westpreußen dagegen verloren die Ordensritter sehr bald an Polen – auch durch die Unzufriedenheit ihrer deutschen Untertanen.

Die Krise des Spätmittelalters

Der Tod des Staufers Friedrichs II. im Jahr 1250 gilt in der traditionellen Geschichtsschreibung als das Ende der alten „Kaiserherrlichkeit". Während des folgenden Interregnums (kaiserlose Zeit) gab es bis 1273 keine zentrale Königsgewalt, was zu einem weiteren Erstarken der Fürsten führte. Die Territorialherren versuchten, ihre Herrschaft in Landesherrschaften umzuwandeln, das heißt alle Herrschaftsrechte wie Justiz, Münzrecht oder Zoll in einer Landschaft in die eigene Hand zu bekommen. Dies gelang besonders in den Markgrafschaften in Bayern und Österreich.

Die sieben Kurfürsten

Daneben bildete sich das Kollegium der Kurfürsten heraus: sieben geistige und weltliche Fürsten, die das Privileg durchsetzten, alleine über die Wahl des Königs zu bestimmen. Diese Kurfürsten tendierten allerdings dazu, eher schwache Kandidaten zu wählen, die ihrer eigenen Macht nicht gefährlich werden konnten.

Schwächung des Kaisertitels

Zwar wurden ab Heinrich VII. im Jahr 1312 die meisten deutschen Könige wieder zu Kaisern gekrönt, doch die Bedeutung dieses Titels war geschwunden. Die zentrale Königsgewalt anderer europäischer Staaten begann sich langsam als außenpolitischer Vorteil zu erweisen, die dominierende Stellung der deutschen Fürsten als Handicap. Zwar gab es starke und fähige Herrscher wie Karl IV. oder Maximilian I., die versuchten, die Strukturen des Reichs zu reformieren, doch es gelang ihnen nur in Ansätzen.

Der Aufstieg der Habsburger

In dieser Situation setzte die Familie der Habsburger konsequent auf den Ausbau ihrer Hausmacht. Bereits Rudolf I. hatte seiner Familie Österreich zugeschanzt. Danach brachten ihr einige geschickte Heiraten Ansprüche auf die Kronen von Ungarn, Böhmen, Kroatien und Slawonien (1421), die ab 1526 erblich wurden, Burgund und die Niederlande (1477) sowie Spanien samt seiner überseeischen Besitzungen (1504). Die Länder, die bis dahin nicht Teil des Kaiserreichs waren (Ungarn, Spanien, Kroatien und Slawonien), waren als Erblande Privatbesitz der Habsburgerdynastie. Trotzdem verschaffte diese Hausmacht den Habsburgern eine Stellung, die dazu führte, dass ihre Kandidaten ab 1440 mit einer einzigen Ausnahme bis zum Ende des Reichs (1806) zum neuen Kaiser gewählt wurden.

Städte- und Ritterbünde

Das allgemeine Streben nach mehr Macht war jedoch nicht nur auf die Fürsten beschränkt. Obwohl Karl IV. in seiner Goldenen Bulle derartige Bündnisse verboten hatte, entstanden zahlreiche Städte- und Ritterbünde, die sich zusammenschlossen, um ihre Interessen besser durchsetzen zu können – oft auch mit Waffengewalt.

1024 –
1039
Regierungszeit Konrads II. Er ist ein sehr pragmatischer Herrscher aus dem Geschlecht der Salier, der sich vor allem um die inneren Strukturen des Reichs kümmert. Trotzdem kann er nach drei Jahren relativ schnell und problemlos die Kaiserkrone erwerben. Außenpolitisch macht er viele Konzessionen, indem er zum Beispiel Knut dem Großen, König von Britannien und Skandinavien, und Stephan von Ungarn umstrittene Grenzgebiete überlässt. Im Inneren kümmert er sich intensiv um die Rechtspflege und stärkt die Stellung der Ritter gegenüber dem hohen Adel, indem er ihre Lehen erblich macht. Bistümer und Abteien dagegen verkauft er an die Bewerber, die ihm am meisten dafür zahlen. 1033 erbt er über seine Frau Gisela von Schwaben das Königreich Burgund, das Teil des Kaiserreichs wird.

Simonie

Als Simonie wurde die Praxis bezeichnet, kirchliche Ämter gegen Geld zu verkaufen. Sie war im frühen Mittelalter in ganz Europa üblich. Der Name stammt aus der Apostelgeschichte, wo ein Magier namens Simon versucht, den Aposteln die Macht, Gläubigen den Heiligen Geist zu spenden, abzukaufen. Die Simonie war den Reformern von Cluny neben der Laieninvestitur ein besonderer Dorn im Auge. 1060 verurteilte Papst Nikolaus II. sie als Ketzerei. Ihre Blütezeit hatte sie aber erst während der Renaissance im Vatikan.

1046 Auf den Synoden von Sutri und Rom setzt Heinrich III. die drei gleichzeitig amtierenden Päpste ab und macht mit Suitger von Bamberg (Clemens II.) zum ersten Mal einen „Cluniazenser" zum Papst. Durchgreifende Reformen finden allerdings erst ab 1049 unter dem ebenfalls von Heinrich III. eingesetzten Leo IX. (Bruno von Egisheim-Dagsburg) statt.

1056 Heinrich III. stirbt. Nachfolger wird sein sechsjähriger Sohn Heinrich IV., für den seine Mutter Agnes von Poitou die Regentschaft führt. Agnes ist zunächst durchaus anerkannt, vergibt aber viele Privilegien, um Unterstützer zu gewinnen. Vor allem fördert sie mit Rudolf von Rheinfelden, Otto von Northeim und Berthold von Zähringen Grafen, die später alle zu Gegnern ihres Sohnes werden.

1061 Papst Nikolaus II. stirbt. Zuvor hat er festgelegt, dass Päpste künftig nur noch von Kardinälen gewählt werden dürfen. Als diese nun Alexander II. zum Papst wählen, ernennt Kaiserin Agnes ihren eigenen Papst, der sich jedoch nicht durchsetzen kann. Daraufhin zieht sie sich ganz aus der Politik zurück.

1062 Eine Fürstenclique um Bischof Anno von Köln reißt die Regentschaft an sich, indem sie den elfjährigen König Heinrich IV. in Kaiserswerth entführt.

1073 Der Mönch Hildebrand wird durch eine scheinbar spontane, aber möglicherweise inszenierte Proklamation durch das Volk als Gregor VII. neuer Papst.

1073 – Sachsenkrieg: In den ersten Jahren seiner Regierung ist
1075 Heinrich IV. damit beschäftigt, seine Autorität durchzusetzen und verloren gegangenes Königsgut zurückzubekommen. Dies führt zu einer offenen Rebellion des sächsischen Herzogs Otto von Northeim, aufgrund derer Heinrich IV. aus Sachsen fliehen muss. Doch im März 1074 schleifen dann sächsische Bauern die königliche Harzburg und schänden dabei königliche Gräber und Reliquien. Dies ruft solche Empörung hervor, dass die übrigen Fürsten Heinrich IV. plötzlich unterstützen. Es gibt Historiker, die der Ansicht sind, dass die Zerstörung der Harzburg den Thron für Heinrich IV. gerettet haben könnte.

1076 Nachdem Heinrich IV. die Sachsen besiegt hat, gibt er die bisherige Hinhaltetaktik gegenüber dem Papst auf. Unterstützt von den meisten Reichsbischöfen, weigert er sich, das Recht, Bischöfe zu ernennen, aufzugeben, und fordert stattdessen Gregor VII. auf, das Papstamt niederzulegen, da dieser nicht ordentlich gewählt worden sei. Gregor VII. beantwortet diese Forderung umgehend, indem er den Kirchenbann über Heinrich IV. verhängt.

1077 (Januar) Um den Bann loszuwerden, zieht Heinrich IV. zur Burg Canossa im Apennin, wo Gregor VII. sich verschanzt hat. Als Verhandlungsversuche nichts nutzen, kniet er sich im Büßergewand vor das Burgtor. Der Papst, moralisch unter Druck gesetzt, hebt den Kirchenbann auf.

1077 – 1085 Obwohl Heinrich IV. sich von dem Kirchenbann befreit, wählt die deutsche Opposition mit Rudolf von Rheinfelden einen Gegenkönig, den Heinrich IV. erst nach einem dreijährigen Bürgerkrieg besiegen kann. Danach bannt Gregor VII. Heinrich IV. erneut. Dieser zieht daraufhin nach Rom und belagert die Stadt. Als er sie nach drei Jahren schließlich einnehmen kann, setzt er einen Gegenpapst ein und lässt sich zum Kaiser krönen. Gregor VII. verschanzt sich in der Engelsburg, bis seine normannischen Verbündeten eintreffen. Obwohl Heinrich IV. gar nicht mehr in Rom ist, hausen die Normannen derart fürchterlich in der Stadt, dass Gregor VII. vor der Bevölkerung fliehen muss und 1085 im Exil stirbt.

1093 – 1096 Heinrich IV. schlägt einen Aufstand in der Lombardei nieder. Doch die päpstlichen Parteigänger Mathilde von Tuszien, Welf IV. von Bayern und sein eigener ältester Sohn Konrad kesseln ihn drei Jahre lang bei Verona ein. Erst ein Frontenwechsel der Bayern ermöglicht ihm die Rückkehr.

1095 – 1099 Papst Urban II. organisiert den Ersten Kreuzzug, um Jerusalem, das seit 637 zu verschiedenen islamischen Reichen gehört hat, zu befreien. Zuvor liefert der oströmische Kaiser Alexios I. Komnenos, der sich von den Seldschuken bedroht fühlt, übertriebene Berichte über eine Drangsalierung der Christen im Heiligen Land. Daneben formieren sich mehrere Volksheere, die teilweise im Rheinland und in Süddeutschland ganze Städte plündern. Der Kreuzzug endet mit der Errichtung des christlichen Königreichs Jerusalem und mehrerer Fürstentümer (Antiochia, Edessa, Tripolis).

Der Kreuzzug der Armen

Der Erste Kreuzzug wurde vor allem von französischen und normannischen Rittern getragen, die sich davon Chancen versprachen, die sie in der Heimat nicht hatten. Auch deutsche Kleinadelige nahmen teil. Noch mehr aber sprach das päpstliche Versprechen, durch den Kreuzzug eine vollständige Vergebung aller Sünden (Ablass) zu erlangen, die einfachen Volksschichten und sogar viele Kriminelle an. Besonderen Zulauf erhielt das Volksheer in Flandern und im Rheinland, wo kurz zuvor Hungersnöte geherrscht hatten. Diese Massen waren teils fanatisiert, beanspruchten als heldenhafte Streiter für eine heilige Sache Belohnung von den „Daheimgebliebenen" und nahmen sich, was sie nicht bekamen, mit Gewalt. Ihre Opfer waren vor allem die Juden als „Ungläubige". Ob-

wohl die Stadtherren meist versuchten, die Gemeinden zu schützen, gab es eine Vielzahl von Pogromen. In Mainz stürmten die Kreuzfahrer sogar den Palast des Erzbischofs und metzelten dort rund tausend Juden nieder. Die Volksheere wurden später in Anatolien von den Seldschuken fast vollständig vernichtet.

1099 In Mainz schließen sich die Weber zur ersten Zunft zusammen, um gemeinsam ihre Interessen besser vertreten zu können. Die Zünfte werden anfangs oft noch gegen den Willen der Obrigkeit gegründet, setzen sich aber trotzdem schnell durch. Sie garantieren für die Qualität ihrer Waren und sichern ihre Mitglieder sozial ab. In der Folge blüht das Handwerk in Deutschland auf.

1104 – Heinrichs zweiter Sohn, Heinrich (V.), erhebt sich gegen
1106 seinen Vater. Dies stürzt das Reich in einen Bürgerkrieg, der erst mit dem Tod Heinrichs IV. am 7. August 1106 endet.

1122 Heinrich V. beendet mit dem „Wormser Konkordat" den Streit um die Laieninvestitur. Die Könige verlieren zwar das Recht, Bischöfe und Äbte zu ernennen, entscheiden jedoch weiterhin über die Verleihung des Kirchengutes. Sie können missliebigen Würdenträgern also den gesamten weltlichen Besitz eines Bistums oder einer Abtei verweigern.

1125 Vor seinem Tod vermacht der kinderlose Heinrich V. den salischen Grundbesitz seinem Neffen Friedrich von Schwaben aus der Familie der Staufer, den er sich als Nachfolger wünscht. Doch auf Betreiben des Erzbischofs Adalbert von Mainz wählen die Fürsten den kirchentreuern Herzog Lothar von Sachsen aus der Familie der Supplinburger.

1137 Kaiser Lothar III. stirbt. Als Nachfolger hat er seinen Schwiegersohn Heinrich den Stolzen aus der Familie der Welfen aufgebaut. Doch als Herzog von Bayern und Sachsen und Markgraf von Tuszien ist dieser den Fürsten zu mächtig. Deshalb akzeptieren die meisten, dass sich Konrad von Staufen, der jüngere Neffe Heinrichs V., ohne Wahl zum König (Konrad III.) krönen lässt. Es kommt jedoch zum Krieg gegen Heinrich den Stolzen, der zwei Jahre später mit dessen Tod endet. Seine Witwe verzichtet auf Bayern, um ihrem Sohn, Heinrich dem Löwen, Sachsen zu sichern.

1147 –
1149 Genötigt vom heiligen Bernhard von Clairvaux, nimmt König Konrad III. am Zweiten Kreuzzug teil. Der Versuch, die Grafschaft Edessa von den Seldschuken zurückzuerobern, scheitert jedoch.

1152 Konrad III. stirbt. Als einziger deutscher König seit Heinrich I. wurde er nicht zum Kaiser gekrönt. Zu seinem

Nachfolger wählen die Fürsten nicht seinen erst achtjährigen Sohn, sondern seinen Neffen Friedrich von Schwaben, auch Friedrich Barbarossa genannt.

Friedrich Barbarossa

Der etwa dreißigjährige Herzog Friedrich von Schwaben galt den deutschen Fürsten im Jahr 1152 auch deshalb als idealer Kandidat für die Krone, weil er der Sohn eines Staufers und einer Welfin war und damit die Chance hatte, die zwei Familien, die seit der Königswahl 1137 verfeindet waren, zu versöhnen. Nachdem er als Friedrich I. (auch Friedrich Barbarossa) die Krone angenommen hatte, versuchte er dies, indem er seinem Cousin Heinrich dem Löwen das Herzogtum Bayern zurückgab und die Familie der Babenberger, die Bayern seit 1137 regiert hatte, mit der Erhebung Österreichs zum Herzogtum entschädigte. Innenpolitisch war Friedrich Barbarossa, der sich um Gerechtigkeit und eine Förderung des Handels bemühte, sehr erfolgreich.

1154　Friedrich Barbarossa zieht nach Italien, wo er zum Kaiser gekrönt wird. Außerdem will er die Oberhoheit über die Lombardei wieder durchsetzen und von den reichen Städten Steuern eintreiben, da die Krone in Deutschland kaum noch über eigene Privilegien verfügt. Die meisten lombardischen Städte wehren dieses Ansinnen ab. Barbarossa unternimmt in der Folge fünf weitere

Italienzüge, bei denen er monatelang einzelne Städte belagert, Tausende von Rittern durch die Malaria verliert und sich teilweise sogar den Rückweg freikämpfen muss. Außerdem überbieten sich Kaiser und Städter an Grausamkeiten, insbesondere bei der Belagerung von Mailand im Jahr 1162.

1161 Heinrich der Löwe gewährt gotländischen Kaufleuten Privilegien in Sachsen. Dafür dürfen sächsische Kaufleute auf Gotland eine Kolonie nach eigenem Recht gründen. In der Folge entstehen im ganzen Ostseeraum solche Kaufmannskolonien, aus denen heraus sich die Hanse entwickelt.

1176 – 1181 Friedrich Barbarossa bittet seinen Cousin Heinrich den Löwen um Waffenhilfe bei seinem nächsten Italienzug. Dieser weigert sich allerdings zunächst und verlangt anschließend außerdem die Silberstadt Goslar als Belohnung. Barbarossa lehnt diese Forderung ab und verhängt nach seiner Rückkehr aus Italien stattdessen die Reichsacht über den Löwen. Dieser wird schnell von allen Verbündeten verlassen und muss sich 1180 unterwerfen. Er wird für drei Jahre verbannt und erhält danach nur Braunschweig-Lüneburg zurück. Das Herzogtum Bayern fällt an die Wittelsbacher, Westfalen an die Erzbischöfe von Köln und der östliche Teil von Sachsen an Bernhard von Anhalt.

1189   Friedrich Barbarossa bricht zusammen mit Philipp II. von
        Frankreich und Richard Löwenherz von England zum
        Dritten Kreuzzug auf, den die drei Könige den Päpsten
        seit langem versprochen haben. Er ertrinkt im Juni 1190
        im anatolischen Fluss Saleph. Sein Nachfolger wird sein
        Sohn Heinrich VI., der schon 1188 zum Mitkaiser ge-
        krönt worden ist.

1190   Der sizilianische König stirbt und sein illegitimer Neffe
        Tankred von Lecce übernimmt die Macht. Darauf be-
        ginnt Heinrich VI., der mit der Erbin Siziliens verheiratet
        ist, einen Krieg.

1192   Der englische König Richard Löwenherz, der Tankred
        von Lecce unterstützt, wird auf dem Heimweg vom
        Kreuzzug des österreichischen Herzogs gefangen ge-
        nommen und an Heinrich VI. verkauft. Heinrich VI. er-
        presst durch die Entführung ein Lösegeld von 150 000
        Pfund Silber.

1194   Heinrich VI. kann nach vier Jahren Kampf das Königreich
        Sizilien erobern. Damit erlangt das römisch-deutsche
        Kaiserreich seine größte Ausdehnung. Nach der Erobe-
        rung lässt er schließlich auch den gefangenen Richard
        Löwenherz frei. Richard muss aber die Oberhoheit des
        Kaisers anerkennen – was allerdings keine praktischen
        Konsequenzen hat.

1195 Der oströmische Kaiser Isaak II. Angelos wird von seinem Bruder gestürzt. Heinrich VI. verheiratet seinen Bruder, Philipp von Schwaben, mit Isaaks Tochter Irene und beansprucht für ihn die byzantinische Krone. Ein Jahr später versucht Heinrich VI., die deutschen Fürsten zur Umwandlung der Wahl- in eine Erbmonarchie zu nötigen. Dieser Plan scheitert jedoch am Widerstand des Papstes und der Fürsten.

1198 Nach dem Tod Heinrichs VI. wählt die staufische Partei seinen Bruder Philipp von Schwaben zum neuen König, die welfische Partei wählt Otto IV., den Sohn Heinrichs des Löwen. Daraufhin beginnt ein Bürgerkrieg, der 1208 mit der Ermordung Philipp von Schwabens endet.

Das Rittertum

Die Ritter waren die gepanzerte schwere Kavallerie der mittelalterlichen Heere. Ritter werden konnte zunächst jeder, der sich die teure Ausrüstung leisten konnte. Dies galt für Adelige ebenso wie für unfreie, aber gut besoldete Beamte im Dienst adeliger Herren (Ministerialen). Erst um 1200 bildete sich eine „Ritterschaft", die keine Außenseiter mehr aufnahm. Gleichzeitig gewannen ein ritterlicher Ehrenkodex und eine fest umrissene Ausbildung, die mit dem Ritterschlag endete, an Bedeutung. Die Sippen begannen sich nun nach ihrer Stammburg zu nennen.

1211 Die Stauferpartei wählt – unterstützt von Papst Innozenz III., der Otto IV. gebannt hat – den siebzehnjährigen Sohn Heinrichs VI., Friedrich II., zum Gegenkönig.
Daraufhin beginnt ein neuer vierjähriger Bürgerkrieg,
der mit Ottos IV. Niederlage endet.

Friedrich II.

Friedrich II. wuchs, angeblich ziemlich verwahrlost, in
Sizilien auf, bevor ihn die deutschen Fürsten 1211 nach
Deutschland riefen. Er sprach ein halbes Dutzend Spra-
chen, darunter wohl auch Arabisch, verfügte über eine
ungewöhnliche Bildung und noch mehr wissenschaftliche
Neugier. Deswegen, aber auch wegen seiner malerischen
Auftritte, bei denen er sudanesische Diener, Kampfele-
fanten, Kamele, Leoparden und Löwen mit sich führte,
wegen seiner sarazenischen Leibwache und seines angeblichen Harems nannten ihn schon seine Zeitgenossen
„stupor mundi" (Erstaunen der Welt). Friedrich II. war
zwar ein liberaler Freigeist, gleichzeitig aber auch fest
überzeugt von seiner gottgewollten Herrscherstellung,
die er im Zweifelsfall rigoros durchzusetzen pflegte.

1220 Friedrich II. lässt seinen neunjährigen Sohn Heinrich (VII.)
zum König wählen und verlässt Deutschland für fünfzehn Jahre. In Sizilien organisiert er einen modernen,
zentralistischen Musterstaat. Regent in Deutschland ist
Heinrichs Vormund, Bischof Engelbert von Köln. Fried-

rich II. hält jedoch Kontakt nach Deutschland und be-
ordert die deutschen Fürsten immer wieder zu Reichstagen nach Italien.

1226   Friedrich II. und der polnische Herzog Konrad von Ma-
sowien ermächtigen den Deutschen Orden, die Gebiete
der baltischen Pruzzen zu erobern und zu christianisieren. Als Gegenleistung erhält der Deutsche Orden das
eroberte Land.

1227   Da Friedrich II. einen versprochenen Kreuzzug immer
wieder aufschiebt und auch sonst nicht allzu viel Rücksicht auf die Wünsche des Papstes nimmt, kommt es
zum endgültigen Bruch mit Papst Honorius III., der ihn
bannt.

1228   Heinrich (VII.) übernimmt die Regentschaft in Deutschland. Um sich gegen die Reichsfürsten durchzusetzen,
stützt er sich vor allem auf den niederen Adel und die
Stadtbewohner. Sein Vater, der die Unterstützung der
Reichsfürsten für seine Politik in Italien und gegenüber
den Päpsten braucht, nötigt seinen Sohn jedoch immer
wieder zu Zugeständnissen, die dessen Autorität unter-
graben.

1229   Friedrich II. ist trotz des Banns zum Kreuzzug aufgebro-
chen und erreicht allein durch Verhandlungen mit Sul-

tan al-Kamil die Übergabe Jerusalems. Dort krönt er sich selbst zum König. Währenddessen provoziert der Papst einen Aufstand in Sizilien, den Friedrich II. nach seiner Rückkehr aber niederschlagen kann.

1232 – 1235	Heinrich (VII.) geht in Deutschland gegen die Ketzerverfolgungen, die geltendem Recht widersprechen, vor. Damit erbost er jedoch den neuen Papst Gregor IX., der seinen Vater inzwischen vom Bann gelöst hat. Dies führt zu einem Konflikt zwischen Vater und Sohn, der nach drei Jahren schließlich in einem Aufstand Heinrichs (VII.) eskaliert. Dieser bricht jedoch schnell zusammen, als Friedrich II. mit seinem exotischem Gefolge und großem Pomp in Deutschland einzieht. Daraufhin wird Heinrich (VII.) inhaftiert, sein Bruder Konrad IV. neuer Thronfolger.
1236	Die Gebeine der erst fünf Jahre zuvor im Alter von 24 Jahren gestorbenen und 1235 heilig gesprochenen Landgräfin Elisabeth von Thüringen werden in einem großen Staatsakt, an dem Kaiser Friedrich II. teilnimmt, aus dem Grab genommen, um künftig als Reliquien verehrt zu werden.
ab 1236	Friedrich II. und Gregor IX. verfeinden sich zunehmend. Zankapfel sind vor allem die beiderseitigen Ansprüche in Italien.

1246 Die stauferfeindliche Partei in Deutschland wählt mit
Hermann Raspe von Thüringen einen Gegenkönig. Als
dieser schon ein Jahr später stirbt, nimmt Wilhelm von
Holland seine Stelle ein.

1250 Friedrich II. stirbt. In Deutschland herrscht Bürgerkrieg
zwischen seinem Sohn Konrad IV. und Wilhelm von
Holland. Dieser Krieg endet erst mit Konrads IV. Tod
1254.

1257 Nach dem Tod Wilhelms von Holland 1256 wählen
die sieben Kurfürsten sowohl Richard von Cornwall als
auch Alfons X. von Kastilien zu seinem Nachfolger, da
der böhmische König (einer der Kurfürsten) beiden seine Stimme gibt. Gekrönt wird Richard, der jedoch nur
Stippvisiten in Deutschland macht, während Alfons nie
dort auftaucht.

Das Interregnum

Die Zeit zwischen dem Tod Friedrichs II. und der Wahl Rudolfs I. wird als Interregnum (kaiserlose Zeit) bezeichnet,
obwohl es nominell stets (mindestens) einen König gab,
der jedoch keine zentrale Macht ausübte. Dies führte dazu, dass die großen Fürsten ihre Stellung ausbauen konnten. Vielerorts herrschte jedoch auch Rechtlosigkeit und
verarmte Kleinadelige wurden zu Raubrittern. In dieser
Zeit bildete sich das Kollegium der sieben Kurfürsten her-

aus, die künftig für die Wahl des Königs zuständig waren: die Erzbischöfe von Mainz, Köln und Trier, der Pfalzgraf bei Rhein, der Herzog von Sachsen, der Markgraf von Brandenburg und der König von Böhmen.

1266   Manfred, der uneheliche Sohn Friedrichs II., der versucht hat, die Herrschaft über Italien zu halten, fällt in der Schlacht. Papst Clemens IV. verschenkt Unteritalien an Karl von Anjou, einen Bruder des französischen Königs. Die Stauferpartei ruft Konradin, den Sohn Konrads IV., nach Italien. Dort wird er von Karl von Anjou 1268 auf dem Marktplatz von Neapel enthauptet. Mit ihm erlischt das Staufergeschlecht.

1273   Nach dem Tod Richards von Cornwall wählen die deutschen Kurfürsten Rudolf I. aus dem Geschlecht der Habsburger zum neuen König. Alfons X. von Kastilien verzichtet auf seine Ansprüche. Es folgt jedoch ein fünfjähriger Krieg gegen König Ottokar II. von Böhmen, der während des Interregnums Kärnten, Krain und Österreich erworben hat. Nach dem am Ende errungenen Sieg über Ottokar II. belehnt Rudolf I. seine eigenen Söhne mit Österreich.

1312   Heinrich VII. aus dem Haus der Grafen von Luxemburg erwirbt als erster deutscher König seit Friedrich II. wieder die Kaiserkrone.

1314 Nach dem Tod Heinrichs VII. werden sowohl der Wittelsbacher Ludwig der Bayer als auch Friedrich der Schöne von Habsburg zum deutschen König gewählt. Es kommt zum Bürgerkrieg, der nach acht Jahren mit dem Sieg Ludwigs des Bayern endet. Danach zerstreitet dieser sich mit dem in Avignon residierenden Papst Johannes XXII. wegen der Oberherrschaft in Italien und wird gebannt. Ludwig der Bayer lässt sich 1327 jedoch vom römischen Volk per Akklamation zum Kaiser Ludwig IV. wählen und setzt einen Gegenpapst ein, der ihn krönt. Innenpolitisch fördert Ludwig IV. vor allem die Städte, indem er ihnen zahlreiche Privilegien verleiht.

1346 Fünf der sieben deutschen Kurfürsten wählen mit der Unterstützung des Papstes und des französischen Königs Karl IV. aus dem Haus der Grafen von Luxemburg zum Gegenkönig. Ein Jahr später stirbt Ludwig IV. und Karl IV. wird noch einmal gewählt.

1347 – 1352 Die erste und schlimmste Pestepidemie sucht Europa heim. Ingesamt stirbt etwa ein Drittel der Bevölkerung, wobei Deutschland etwas glimpflicher davonkommt als andere Länder. Die Hysterie der Bevölkerung führt vielerorts zu Aufständen und Pogromen, denen zwei Drittel der jüdischen Gemeinden zum Opfer fallen. Viele der Überlebenden finden in Polen Zuflucht. Nachdem die Katastrophe wieder abgeebbt ist, bieten sich den

Überlebenden aber meist bessere Lebensbedingungen, sodass sich Wirtschaft und Sozialleben bald erholen.

1348   Karl IV. gründet in Prag die erste Universität auf deutschsprachigem Gebiet. Es folgen sehr schnell weitere Gründungen im ganzen Reich. Gleichzeitig entstehen in den Städten die ersten Schulen, in denen nicht vornehmlich künftige Kleriker ausgebildet werden, sondern einfache Leute lesen, schreiben und rechnen lernen können. Prag wird von Karl IV., der auch König von Böhmen ist, zu einer Art „heimlicher Hauptstadt" des Reichs ausgebaut.

1356   Mit der Goldenen Bulle, einem aus 31 Kapiteln bestehenden Dokument mit goldenen Siegeln, gibt Karl IV. dem Kaiserreich das erste Mal eine Reichsverfassung. Die Bulle regelt unter anderem die Königswahl durch die Kurfürsten, das Fehdewesen und die Bildung von Bündnissen.

1370   Die Hanse gewinnt einen Krieg gegen Dänemark.

Die Hanse

Mitte des 13. Jahrhunderts begann die Hanse (altdeutsch: Schar), sich aus einem Bund von Kaufleuten in einen Bund von Handelsstädten zu verwandeln. Obwohl es weder eine Satzung noch offizielle Mitgliedschaft gab, wurde

1300	**1350**	1400	**1450**	1500	1550

sie zu einer politischen Macht im Ostseeraum und darüber hinaus. 1401 wurden die Vitalienbrüder um Klaus Störtebecker – Piraten, die den Hanse-Kaufleuten schwer zusetzten – gefangen genommen und hingerichtet. Gegen Ende des 15. Jahrhunderts aber verlor die auf den Nord- und Osteseeraum konzentrierte Hanse durch den Überseehandel rapide an Bedeutung.

1387 – 1389	Mehrere Reichsfürsten führen einen Krieg gegen den Schwäbischen Städtebund. Dieser muss sich im Reichslandfrieden von Eger auflösen, gründet sich jedoch schon ein Jahr später wieder neu.
1400	König Wenzel IV., der Sohn Karls IV., wird wegen Unfähigkeit von den Kurfürsten abgesetzt.
1414	König Sigismund, der jüngere Sohn Karls IV., organisiert in Konstanz das größte Kirchenkonzil des Mittelalters, um die Probleme der Kirche zu lösen. Diese hat einen massiven Vertrauensverlust erfahren, als sie die Gläubigen nicht vor der Pest hatte bewahren können. Daraus entstehen reformatorische Bewegungen wie die des Jan Hus in Böhmen. Sigismund sagt Hus freies Geleit nach Konstanz zu, lässt dann aber zu, dass die kirchlichen Würdenträger den Tschechen als Ketzer verbrennen. Daraufhin vertreiben hussitische Volksheere die Deutschen aus den böhmischen Städten und ziehen

plündernd durch Brandenburg, Sachsen, Meißen und Franken. Erst 1436 kann Sigismund durch eine teilweise Anerkennung der religiösen Forderungen die Hussitenkriege beenden.

1440 – 1493 Regierungszeit von Friedrich III. aus dem Hause Habsburg. Mit 53 Regierungsjahren ist er der am längsten amtierende Herrscher, hat aber kaum Interesse an der Reichspolitik. 1452 wird er als letzter Kaiser vom Papst in Rom gekrönt.

um 1450 Johannes Gutenberg entwickelt in Mainz den Buchdruck mit beweglichen Lettern und revolutioniert so das europäische Druckereiwesen. Seine Erfindung wird die Welt entscheidend verändern.

1466 Der Deutsche Orden verliert Westpreußen, das sich nach einem dreizehnjährigen Krieg den polnischen Königen unterstellt. Ostpreußen wird zu einem polnischen Lehen an den Orden.

1477 Friedrichs III. Sohn Maximilian I. heiratet die Erbin Maria von Burgund, deren Reich teils deutsches, teils französisches Lehen ist. Der Streit um den französischen Teil führt zu einem Krieg mit Frankreich, der nach zwei Jahren mit dem Verlust der heutigen französischen Region Burgund endet.

1484 Papst Innozenz VIII. ermächtigt den Elsässer Dominikanermönch Heinrich Kramer (gen. Institor), gegen Zauberer und Hexen vorzugehen, und weist die kirchliche und weltliche Obrigkeit an, den bisherigen Widerstand gegen die Hexenverfolgung aufzugeben. Damit wird der bislang kirchlich verbotene Hexenglaube ausdrücklich sanktioniert. Zwei Jahre später verfasst Kramer den „Hexenhammer", in dem er weit verbreitete Ansichten und Vorurteile über die Hexen und Zauberer sammelte und versuchte, diese wissenschaftlich zu begründen. Klare Regelungen sollten eine systematische Verfolgung und Vernichtung der vermeintlichen Hexen ermöglichen.

1494 Karl VIII. von Frankreich erobert das seit 1442 spanische Neapel. Daraufhin gründen Maximilian I., der König von Spanien, der Herzog von Mailand, die Republik Venedig und der Papst die Heilige Liga. Die Kriege der Liga gegen Frankreich in Italien dauern bis 1559 und enden mit einer Niederlage Frankreichs.

1495 Auf dem Reichstag zu Worms versucht Maximilian I., eine Reform durchzusetzen. Es kommt zu einem Verbot jeglicher privaten Fehde (Ewiger Landfrieden) und der Einrichtung eines Reichskammergerichts, einer Art frühem Verfassungsgericht. Eine allgemeine Steuer (Reichspfennig) muss jedoch schon kurze Zeit später zurückgenommen werden.

Der Reichstag

Die Reichstage im römisch-deutschen Kaiserreich entwickelten sich aus den Hoftagen heraus, die die Herrscher
anfangs nach Bedarf einberiefen. Vertreten waren dort
die Reichsstände, zu denen alle weltlichen und geistigen
Fürsten, deren Territorium unmittelbares Lehen der Krone
war, und die Führungen der Reichsstädte gehörten. Ab
1489 erfolgte die Beratung und Abstimmung in drei Kol-
legien (Kurfürsten, Fürsten, Städte). Im Jahr 1495 wurde
der Reichstag schließlich offiziell zur festen Einrichtung
erklärt.

1499   Maximilian I. muss im Frieden von Basel offiziell aner-
        kennen, dass die Schweiz, die seit rund 150 Jahren ge-
        gen die Habsburger Oberhoheit kämpft, de facto selbst-
        ständig ist.

1508   Mit Zustimmung des Papstes, aber ohne eine Krönung,
        nimmt Maximilian I. den Kaisertitel an.

1517   Albrecht von Brandenburg, Erzbischof von Mainz und
        Magdeburg, beginnt im päpstlichen Auftrag den Ab-
        lasshandel in seinen Diözesen. Im Austausch erhält
        er die Hälfte der Einkünfte, um seine Schulden beim
        Augsburger Bankhaus der Fugger zu bezahlen, die er
        machen musste, um sich seine geistlichen Ämter zu er-
        kaufen.

1517 – 1648
Das Zeitalter der Glaubenskämpfe

Zu Beginn des 16. Jahrhunderts sorgte die Reformation für eine religiöse und politische Spaltung des Kaiserreichs. Kaiser Karl V. musste sie hinnehmen, da er außenpolitisch auf die protestantischen Fürsten angewiesen war. Doch im Kern blieben die Konflikte ungelöst und führten zu Beginn des 17. Jahrhunderts zum Bürgerkrieg.

Dieser weitete sich durch die Einmischung mehrerer europäischer Mächte, die einen weiteren Machtzuwachs der Habsburger verhindern wollten, zum dreißigjährigen Konflikt aus, der mit einem Kompromiss endete und Deutschland verwüstet zurückließ.

Die Ausbreitung der Reformation

Ob Martin Luther seine 95 Thesen wirklich am 31. Oktober 1517 an die Tür der Schlosskirche von Wittenberg nagelte, ist nicht ganz sicher. Möglicherweise handelt es sich dabei nur um eine schöne Anekdote. Auf jeden Fall jedoch veröffentlichte er die Thesen und erzielte damit binnen kürzester Zeit eine durchschlagende Wirkung. Martin Luther war allerdings nicht der Erste, der die Autorität der Päpste und der Kirche in Frage stellte, kirchliche Traditionen wie Bußsakrament, Zölibat und Heiligenverehrung verwarf sowie eine Rückbesinnung auf die Bibel und eine Aufwertung des einzelnen Gläubigen gegenüber dem Klerus forderte. Solche Elemente fanden sich auch schon bei den französischen Katharern und Waldensern, bei den böhmischen Hussiten und den englischen Lollarden, den Anhängern des Reformers John Wyclif (1330 bis 1384). Wie seine Vorgänger wurde auch Luther von Rom der Ketzerei bezichtigt, was jedoch in Luthers Fall durch glückliche Umstände keine Folgen für ihn hatte. Der sächsische Kurfürst Friedrich der Weise – ein leidenschaftlicher Reliquiensammler, der selbst nie Protestant wurde – stellte sich nämlich schützend vor seinen Untertanen Martin Luther. Dazu kamen glückliche außenpolitische Umstände: Dem Papst war die Wahl des neuen römisch-deutschen Königs 1519 zunächst wichtiger als der Prozess gegen den Wittenberger Ketzer. Nach der Wahl war der neue Herrscher Karl V. ständig mit bedeutenderen Problemen als dem deutschen Protestantismus beschäftigt.

Außerdem begeisterte sich nicht nur das Volk für Luthers neue Ideen, sondern auch viele deutsche Fürsten standen auf seiner Seite. Dabei mag persönliche Überzeugung eine Rolle gespielt haben, ganz sicher aber auch die Erkenntnis, dass eine von Papst und Kaiser unabhängige Landeskirche ihre eigene Stellung nur stärken konnte.

Karl V.

Karl V. aus dem Hause Habsburg war 19 Jahre alt, als er zum römisch-deutschen König gewählt wurde. Er war in Brüssel bei seiner Tante Margarethe, der Regentin der Niederlande, aufgewachsen, einer sowohl frommen als auch klugen Frau. 1516 war er König über Spanien und damit auch über den größten Teil Süd- und Mittelamerikas geworden. 1519 wurde er dann Herrscher über das Kaiserreich. Trotzdem sprach er vor allem Französisch und Flämisch, weniger Spanisch und kaum Deutsch. Auch sonst war er auf das, was ihn in Deutschland erwartete, in keiner Weise vorbereitet. Sein Herrschaftsverständnis war durch und durch mittelalterlich. Er träumte zwar von der Wiederherstellung des universalen Kaisertums, musste aber große Zugeständnisse an die sowieso schon mächtigen Fürsten machen, um überhaupt gewählt zu werden. In der Folge kümmerte er sich mehr um die spanischen und italienischen Angelegenheiten. Zum Regenten von Deutschland machte er 1521 seinen damals 18-jährigen Bruder Ferdinand, den späteren Kaiser Ferdinand I.

Bilderstürmer und andere Aufstände

Wie überfällig eine Reformation der Kirche war und wie sehr das Ansehen der Kirche bei breiten Teilen der Bevölkerung geschädigt war, das beweisen die zahlreichen Ausschreitungen in den Jahren 1521 und 1522. Während Luther sicher vor seinen Feinden in der Wartburg saß und die Bibel übersetzte, lebten Bilderstürmer und andere Fanatiker ihren blanken Hass gegen die katholische Kirche und deren Repräsentanten aus.

Die Bilderstürmer waren Anhänger verschiedener Reformatoren und zerstörten Kunstwerke von Heiligen und andere Abbildungen des Göttlichen, da sie sie als Götzenbilder betrachteten. Zu diesem religiösen Fanatismus kam oft noch Zorn auf die Obrigkeit aufgrund sozialer Probleme.

Die Leiden des „gemeinen Mannes"

Soziale Probleme gab es im deutschen Reich des beginnenden 16. Jahrhunderts reichlich. 1522 probten die verarmten Reichsritter den Aufstand. Karl V. interessierte sich jedoch nicht dafür und überließ es den Fürsten, die Erhebung niederzuschlagen.

Zwei Jahre später kam es im Südwesten zu einem Bauernaufstand, der allerdings keineswegs der erste war. Missernten aufgrund von Klimaverschlechterungen und ein gleichzeitiges Wachstum der Bevölkerung hatten dafür gesorgt, dass es nicht mehr genug Nahrung für alle gab. Deshalb war es immer wieder zu regionalen Aufständen gekommen.

Das neue Denken

Im 16. Jahrhundert gelangte das Gedankengut des Humanismus nach Deutschland. Darunter versteht man eine Betrachtungsweise, die den Menschen nicht mehr als Teil weltlicher oder göttlicher Ordnungen sieht, sondern ihn in das Zentrum der Betrachtung stellt.

Die Humanisten wandten sich gegen die pessimistisch gefärbte, jenseitsorientierte Einstellung vieler mittelalterlicher Gelehrter und Theologen und begeisterten sich stattdessen für die Kultur der Antike und die Fähigkeiten des einzelnen Menschen.

Die Künstler traten aus der Anonymität heraus oder stellten sich sogar in den Mittelpunkt ihrer Kunst, wie es zum Beispiel Albrecht Dürer (1471 bis 1528) mit seinen berühmten Selbstporträts tat. Mit Hilfe der antiken Philosophie begannen die Gelehrten der Renaissance, jetzt endlich Kunst und Wissenschaft aus den kirchlichen Zwängen zu befreien.

Ein wichtiger Grundsatz der neuen Bewegung war, „zu den Quellen" zurückzugehen und sich selbst ein Bild zu machen. Viele Humanisten studierten klassisches Griechisch und Latein und lasen die Schriften der antiken Philosophen im Original. Erasmus von Rotterdam (1466 bis 1536) zum Beispiel erarbeitete eine textkritische griechische Ausgabe des Neuen Testaments, die auch Luther für seine Bibelübersetzung benutzte.

Damit entstand langsam auch wieder ein Interesse an der Naturwissenschaft.

Der Bauernkrieg

Obwohl die Bevölkerung sowieso schon Hunger litt, verschärften ab etwa 1400 die zahlreichen großen und kleinen Grundherren das Problem noch zusätzlich: Zur Finanzierung ihrer eigenen Bedürfnisse tasteten sie nach und nach immer mehr traditionelle Rechte ihrer Untertanen an.

Freie Bauern wurden nun von ihren Herren in die Zinspflicht gezwungen, Zinser zu Leibeigenen gemacht und Leibeigene schon fast zu Sklaven, die nicht einmal mehr frei heiraten durften. Außerdem erhöhten manche Herren während der Laufzeit von Verträgen nach Belieben die Abgaben und erfanden zusätzliche Steuern, die die Bauern für ihren Schutz zahlen sollten, obwohl dieser Schutz ursprünglich eigentlich elementarer Bestandteil des Lehnverhältnisses gewesen war.

Von der lokalen Erhebung zum Flächenbrand

Als Folge der neuen Entwicklungen wurde in der ersten Hälfte des Jahres 1525 aus einem lokalen Bauernaufstand im Schwarzwald eine Massenerhebung, die weite Teile Süd- und Mitteldeutschlands erfasste. Neu war, dass sich die Bauern diesmal bei ihren Forderungen auf das Evangelium bezogen. Das heißt, sie wollten nun nicht nur ihr „altes" Recht wiederhergestellt wissen, sondern forderten ihr „göttliches Recht", nämlich eine Aufhebung der Leibeigenschaft. Doch auch dieser Aufstand wurde von den Fürsten schnell und brutal beendet.

Verfolgung von religiösen Bewegungen

Nicht besser erging es den religiösen Bewegungen, deren Reformvorstellungen über die der neu errichteten protestantischen Landeskirchen hinausgingen. Sie wurden sowohl in evangelischen als auch in katholischen Gegenden verfolgt. 1529 setzte der Reichstag von Speyer fest, dass die „Täufer", die die Kinder- durch die Erwachsenentaufe ersetzten, mit dem Tode bestraft werden sollten.

Der Augsburger Religionsfriede

Karl V. schob die Lösung des Religionsproblems in Deutschland immer wieder hinaus, da er zu sehr damit beschäftigt war, in Italien gegen Frankreich und in Österreich und Ungarn gegen die Türken Krieg zu führen. Doch 1555 gelang es schließlich seinem Bruder Ferdinand, den Augsburger Religionsfrieden zu vermitteln. Damit wurde die lutherische (nicht aber die calvinistische Kirche) anerkannt, die Entscheidung über die Religion eines Gebietes aber einzig und allein den Fürsten überlassen.

Der „geistliche Vorbehalt"

Allerdings hatte Ferdinand den protestantischen Fürsten einen „geistlichen Vorbehalt" aufgezwungen. Dies bedeutete, dass geistliche Territorien künftig nicht mehr reformiert werden durften. Ein Bischof oder Abt, der die Konfession wechselte, sollte Land und Titel verlieren. Im Gegenzug mussten die geistlichen Würdenträger bestehende protestantische Gemeinden auf ihrem Territorium dulden. In den folgenden Jahren sorgten diese Bestimmungen jedoch immer wieder für Streit. Protestantische Fürsten verweltlichten kirchlichen Besitz, katholische Würdenträger rekatholisierten protestantische Gebiete.

Der Hexenwahn

Aber auch im Volk gärte es weiter – zumal, da sich die wirtschaftlichen Verhältnisse noch einmal rapide verschlechterten. Anstatt auf diese Veränderungen Rücksicht zu nehmen, zogen die Fürsten, die die Prachtentfaltung der Renaissance für sich entdeckten, die Steuerschraube oft sogar noch an. Auch die vielen in dieser Zeit neu entstehenden Bergwerke und Eisenhämmer boten nur sehr elende Arbeitsplätze.

Die Hexen als Sündenböcke

Ein Ventil, über das sich Hass und Frust über diese Lebensumstände entluden, war die Hexenverfolgung, die sich um 1560 von einem lokalen Phänomen zu einer allgemeinen Hysterie steigerte und zwischen 1590 und 1630 ihren Höhepunkt erreichte. Mit den vermeintlichen Hexen war nun jemand gefunden, dem man die Schuld an den sozialen Missständen sowie an manch anderem Unglück in die Schuhe schieben konnte. Historiker haben festgestellt, dass die Verfolgungen in den Gegenden am schlimmsten waren, in denen Katholiken und Protestanten in enger Nachbarschaft lebten und Hasspredigten gegen die Andersdenkenden gang und gäbe waren. Vor allem in einigen Fürstbistümern wie Mainz, Würzburg oder Bamberg gab es massive Verfolgungen, da man hier jedem Verdächtigen unter der Folter weitere Namen abzwang.

Über die Anzahl der Opfer kursieren die unterschiedlichsten Zahlen. Sie reichen von etwa 50.000 in ganz Europa (davon etwa die Hälfte auf dem Boden des römisch-deutschen Reiches) bis zu mehreren Hunderttausenden. Die meisten Historiker gehen heute jedoch von niedrigeren Zahlen aus, da die Verfolgungswellen meist regional und zeitlich begrenzte Phänomene waren.

Der große Krieg

Am Vorabend des Dreißigjährigen Krieges waren von den großen Problemen des Reichs keine gelöst: weder die sozialen Fragen noch die religiöse Unsicherheit, nicht die Streitigkeiten der deutschen Fürsten untereinander oder die Probleme mit den Nachbarstaaten, vor allem die Rivalität der Habsburger mit Frankreich. Auslöser des Krieges war ein Konflikt zwischen dem böhmischen König Ferdinand (später Kaiser Ferdinand II.) und den böhmischen Reichsständen. Reichsstände waren all diejenigen Personen, die einen Sitz und eine Stimme im Reichstag hatten, also rund 300 geistliche und weltliche Fürsten, aber auch Vertreter der Freien Reichsstädte und der Ritterorden. Als Ferdinand sowohl die Religionsfreiheit der böhmischen Protestanten als auch die politischen Rechte des Adels antastete, warfen die Vertreter der Reichsstände seine Statthalter aus dem Fenster der Prager Burg, setzten Ferdinand ab und wählten den calvinistischen Kurfürsten Friedrich V. von der Pfalz zum neuen König. Ferdinand und seine katholischen Verbündeten warfen den Aufstand in der Schlacht am Weißen Berg nieder und eroberten anschließend auch das Stammland Friedrichs V., die Pfalz. Eine treibende Kraft war dabei Herzog Maximilian I. von Bayern, der als Lohn die pfälzische Kurfürstenwürde für Bayern erhielt.

Das Ausland greift ein

Als das katholische Heer danach jedoch Anstalten machte, gegen weitere deutsche Protestanten vorzugehen, wurden die europäischen Nachbarländer unruhig. Sie befürchteten, dass Ferdinand ein absolutistisches Regime über ganz Deutschland errichten wolle. Das jedoch hätte die Habsburger zur bei weitem stärksten Kraft in Europa gemacht. Also unterstützten nacheinander die Dänen, die Schweden und die Franzosen die deutschen Protestanten militärisch, während England und die Niederlande Geld beisteuerten. Dies verhinderte einen Sieg der katholischen Seite und des Kaisers, sorgte aber auch dafür, dass sich der Krieg dreißig Jahre lang hinzog und ein ausgeblutetes Land zurückließ.

Habsburg gegen Frankreich

Obwohl Karl der Kühne sich selbst als französischen Prinzen sah, führte er sein Leben lang Krieg gegen Frankreich. Nachdem er 1477 vor Nancy gefallen war, nutzten die französischen Könige die Gelegenheit, um die Regionen Bourgogne und Picardie wieder an sich zu bringen. Dieser Sieg war Auftakt zu einer ganzen Reihe von Kriegen, die Frankreich und das Haus Habsburg bis ins 19. Jahrhundert hinein führten. Nachdem es zwischen den beiden Staaten das ganze Mittelalter über so gut wie keine direkten Auseinandersetzungen gegeben hatte, wurde plötzlich das „europäische Gleichgewicht" besonders wichtig.

Frankreich fühlte sich von den Habsburgern eingekreist, die nun über Spanien, Deutschland und die Niederlande regierten und Ansprüche auf Oberitalien hatten. Diese Machtfülle zu zerstören wurde nun zu einem der wichtigsten Ziele französischer Politik. Die Schwächung Frankreichs gewann so auch für die Habsburger höchste Priorität.

Ab 1568 unterstützten die Franzosen den Freiheitskampf der Niederlande gegen das habsburgische Spanien und ab 1619 die deutschen Protestanten gegen den Kaiser, obwohl sie gleichzeitig im eigenen Land die protestantischen Hugenotten bekämpften. Doch nicht nur Frankreich, sondern auch die deutschen Fürsten sahen die wachsende Habsburger Macht mit Misstrauen. Obwohl sie sie weiterhin zu ihren Königen wählten, verbündeten sie sich bei politischen Konflikten oft mit anderen europäischen Mächten.

1517 Im Verlauf des Jahres beobachtet Martin Luther, damals noch Augustinermönch und Doktor für Theologie in Wittenberg, dass immer weniger Gläubige zur Beichte gehen, sondern stattdessen glauben, sich mit päpstlichen Ablassbriefen, die der Dominikanermönch Johannes Tetzel im Auftrag des Magdeburger Erzbischofs vertreibt, von ihren Sünden loskaufen zu können. Luther, der einige Jahre zuvor nach langem Ringen zu der Überzeugung gekommen ist, dass die Menschen nicht einmal durch gute Werke, sondern allein durch die Gnade Gottes erlöst würden, verfasst 95 Thesen, in denen er das Ablasswesen anprangert. Gegen Ende Oktober schickt er diese Thesen an den Magdeburger Erzbischof Albrecht von Brandenburg und bringt sie gleichzeitig an die Öffentlichkeit.

Martin Luther

Der Reformator wurde 1483 als Sohn eines Hüttenmeisters in Eisleben geboren. Ab 1501 studierte er in Erfurt erst die „sieben freien Künste" (Grammatik, Rhetorik, Logik, Arithmetik, Geometrie, Musik und Astronomie), dann Jura. 1505 entschloss er sich plötzlich – angeblich nach Todesangst während eines Gewitters – zum Eintritt in ein Kloster der Augustinereremiten in Erfurt. 1512 wurde er an die Universität Wittenberg berufen. Seine 95 Thesen sollten zunächst nur eine kircheninterne Diskussion hervorrufen. Erst nachdem Luther der Ketzerei angeklagt worden war, stellte er Forderungen, die zwangsläufig einen Bruch mit der katholischen Kirche bedeuteten. 1525 heiratete er die ehemalige Nonne Katharina von Bora, mit der er sechs Kinder hatte. Obwohl die Reichsacht von 1521 gegen ihn nie offiziell aufgehoben wurde, lebte er bis zu seinem Tod 1546 ungestört als Theologe in Wittenberg. Politisch machte er später durch sehr intolerante Ansichten von sich reden, zum Beispiel in seiner Verdammung der aufständischen Bauern, der Täufer, der Ketzer, „Hexen" und Juden.

1518	Die Dominikaner haben Luther beim Papst angezeigt. Dieser wird nun unter der Anklage, ein Ketzer zu sein, nach Rom geladen. Mit Hilfe des sächsischen Kurfürsten Friedrich des Weisen setzt er einen Prozess in Augsburg durch. Dort wird Luther im Oktober von dem päpstlichen Beauftragten, Kardinal Thomas Cajetan, verhört. Er weigert sich zu widerrufen, es sei denn, er werde aus der Bibel widerlegt. Bevor Cajetan ihn festnehmen lassen kann, flieht Luther aus Augsburg.

1519	Am 12. Januar stirbt Kaiser Maximilian I. Um die Nachfolge bewerben sich sein Enkel Karl und der französische König Franz I. Der Papst möchte auch den sächsischen Kurfürsten Friedrich den Weisen, einen Unterstützer Luthers, zur Kandidatur überreden und geht deshalb nicht weiter gegen Luther vor. Friedrich der Weise hat jedoch kein Interesse an der Krone. Stattdessen erarbeitet er eine „Wahlkapitulation", die ein sehr weitreichendes Mitspracherecht der Kurfürsten bei Gesetzen, Verträgen und Abgaben enthält. Nach der Unterzeichnung dieser Kapitulation und der Zahlung von über 850 000 Gulden Schmiergeld wird der Habsburger Karl V. am 28. Juni zum römisch-deutschen König gewählt und ein Jahr später zum Kaiser gekrönt.

1520   Im Juni droht Papst Leo X. Martin Luther den Kirchenbann an, wenn er nicht innerhalb von 60 Tagen seine als ketzerisch empfundenen Behauptungen zurücknehme. Luther weigert sich und verbrennt nach Ablauf der Frist die päpstliche Bannbulle. Außerdem verfasst er die für den protestantischen Glauben wegweisenden Schriften „An den christlichen Adel deutscher Nation", „Von der babylonischen Gefangenschaft der Kirche" und „Von der Freiheit eines Christenmenschen", wobei er Letztere dem Papst widmet. Die drei Werke werden massenhaft verbreitet und tragen zur schnellen Ausbreitung des Reformationsgedankens bei.

1521   Im Januar wird Luther endgültig vom Papst gebannt, doch Friedrich der Weise setzt durch, dass sich Luther im April auf dem Reichstag von Worms noch einmal verteidigen darf. Luther weigert sich jedoch erneut, seine Schriften zu widerrufen, da er nicht gegen sein

Gewissen handeln könne. Daraufhin verhängt Karl V. die Reichsacht über ihn. Dies bedeutet, dass von nun an niemand Luther beherbergen darf, ihn aber jeder an Rom ausliefern oder sogar töten kann. Zugleich wird die Acht aber auch jedem, der Luthers Schriften liest, besitzt oder druckt, angedroht. Trotzdem sind dank der neuen Drucktechnik schätzungsweise schon eine halbe Million Abdrucke seiner Schriften verbreitet. Auf der Heimreise von Worms lässt Friedrich der Weise Luther entführen und auf die Wartburg in Schutzhaft bringen. Gleichzeitig beginnen Unruhen durch radikale Reformationsanhänger, wie zum Beispiel der Bilderstürmer.

Die Lutherbibel

Während seiner Gefangenschaft auf der Wartburg begann Luther auf Anraten seines Freundes Philipp Melanchthon, die Bibel zu übersetzen. Dies war nicht die erste Übersetzung ins Deutsche, doch alle vorherigen wurden nur im kleinen Rahmen verwendet. Luthers Neues Testament dagegen wurde ab September 1522 in großen Auflagen gedruckt, Teile des Alten Testaments ab 1523. Drei Jahre später besaß bereits etwa ein Drittel aller Haushalte, in denen jemand lesen konnte, eine Lutherbibel. Der zweite Teil des Alten Testaments folgte allerdings erst 1534. Zum Erfolg der Lutherbibel trug auch bei, dass sich Luther sehr bemühte, eine verständliche und alltagsnahe, aber trotzdem stilistisch schöne Sprache zu finden. Auch achtete er sorgfältig darauf, Worte und Wendungen zu benutzen, die in ganz Deutschland verstanden wurden, was damals gar nicht einfach war. Seiner Übersetzung kommt deshalb auch eine wichtige Bedeutung in der Entwicklung der hochdeutschen Schriftsprache zu.

1522 Im März verlässt Luther die Wartburg, um durch seine Autorität bei der Eindämmung der Bilderstürmerei zu helfen. In Trier beginnt unter der Führung von Franz von Sickingen ein Aufstand der verarmten Reichsritter gegen das Erzbistum. Die Ritter erhoffen sich von der Reformation die Auflösung der geistlichen Territorien und eine Besserung ihrer Situation. Allerdings glauben nur relativ wenige an einen Erfolg und schließen sich Franz von Sickingen an. Im Mai 1523 beenden die Fürsten von Trier, Hessen und der Pfalz den Aufstand.

1523 Der städtische Rat von Zürich nimmt das religiöse und soziale Programm des Reformators Ulrich Zwingli an, das sich daraufhin auch in anderen Schweizer Städten verbreitet.

1524 – Bauernkrieg: Im Oktober 1524 kommt es im Schwarz-
1525 wald bei Stühlingen zu Bauernerhebungen, die im Laufe des nächsten Jahres ganz Baden und Württemberg, die Pfalz, Franken, Thüringen, Sachsen, das Elsass, Österreich und die Schweiz erfassen. Im März formulieren die

Führer der schwäbischen „Haufen" ihre Forderungen in Memmingen in „Zwölf Artikeln", die bald überall zum Programm der aufständischen Bauern werden. Die Bauernhaufen nehmen Burgen, Klöster und Städte ein. Zu einem Massaker kommt es allerdings nur am 16. April 1525 in Weinsberg. Einige Städte und Reichsritter schließen sich den Bauern auch freiwillig an. Bekämpft werden die etwa 300 000 aufständischen Bauern zunächst vom Heer des „Schwäbischen Bundes", einem 1488 gegründeten Zusammenschluss von schwäbischen Fürsten und Reichsstädten. Ab Mai wird dieser Bund durch kaiserliche Truppen, die aus Italien geholt wurden, unterstützt. Ende Juni ist der Aufstand weitgehend beendet. Rund 100 000 Bauern, darunter auch viele Frauen und Kinder, sind ihm zum Opfer gefallen. Die Grundherren reagieren in der Folge teilweise mit grausamen Racheaktionen, teilweise aber auch mit einer Beseitigung von Missständen.

In Preußen säkularisiert Hochmeister Albrecht von Brandenburg nach Rücksprache mit Luther den Ordensstaat und wandelt ihn in ein Herzogtum unter polnischer Lehnshoheit um. Somit wird Preußen der erste protestantische Staat.

1526 Auf einem Reichstag in Speyer kann keine Lösung für die konfessionelle Spaltung gefunden werden. Man einigt sich, dass bis zu einem kirchlichen Konzil jeder

Fürst agieren soll, „wie ein jeder solches gegen Gott und Kayserliche Majestät hoffet und vertrauet zu verantworten". Die Fürsten von Kursachsen und Hessen beginnen danach umgehend, Regeln für evangelische Gottesdienste zu erlassen, Kirchenbehörden zu bilden und Kirchengut einzuziehen. In Marburg entsteht 1527 die erste evangelische Universität. Die protestantische Kirche gerät unter die Kontrolle der Landesherren, was Luther eigentlich nicht angestrebt hat. Der Bauernkrieg hat ihn jedoch zu der Überzeugung gebracht, dass es eine durch die Obrigkeit geschaffene Ordnung brauche.

1529   Sultan Süleyman I. der Prächtige belagert mit über 80 000 Soldaten Wien. Obwohl die Stadt kaum Unterstützung erhält, da Karl V. seine Truppen in Italien braucht, kann sie standhalten, bis die Türken wegen des hereinbrechenden Winters den Rückzug antreten. Den Bewohnern kommt zugute, dass es den Türken nicht gelungen ist, schweres Belagerungsgerät nach Wien zu transportieren.

Zur gleichen Zeit scheitert ein Einigungsversuch zwischen Luther und den Schweizern Calvin und Zwingli. Während Luther darauf besteht, dass beim Abendmahl Christus wirklich anwesend sei, sehen die Schweizer im Abendmahl nur einen symbolischen Akt. Dieser Zwiespalt bleibt bestehen.

Die Türken

Die osmanischen Sultane hatten im 14. und 15. Jahrhundert das Byzantinische Reich und den Balkan erobert (Fall von Konstantinopel 1453). 1520 bestieg Süleyman I. der Prächtige den Thron und eroberte schon ein Jahr später Belgrad, 1526 dann große Teile Ungarns. Dabei fiel der ungarische König und der Bruder des Kaisers, Ferdinand I., übernahm die Krone. Allerdings gab es beträchtlichen Widerstand gegen seine Thronbesteigung und die Opposition verbündete sich mit Süleyman. 1532 konnten die Habsburger die Türken zunächst aus Österreich vertreiben, doch kam es immer wieder zu Kriegen. Im Jahr 1683 belagerten die Türken erneut Wien. Dieses Mal konnte sie eine europäische Koalition jedoch so vernichtend zurückschlagen.

1530 Auf einem Reichstag in Augsburg protestieren Kursachsen, Hessen, Brandenburg-Ansbach, Anhalt, Braunschweig-Lüneburg und 14 Reichsstädte gegen die Androhung, die Reichstagsbeschlüsse von Speyer aus dem Jahr 1526 zurückzunehmen. In ihrem Namen trägt Philipp Melanchthon das „Augsburger Bekenntnis" vor. Karl V. wertet das als Landfriedensbruch. Die evangelischen Reichsstände schließen sich ein Jahr später zum Schmalkaldischen Bund zusammen. Da Karl V. sie jedoch zum Kampf gegen die Türken braucht, gewährt er ihnen eine befristete Duldung ihrer Religion.

1532 Auf dem Reichstag in Regensburg wird die „Constitutio Criminalis Carolina" verabschiedet – eine erste umfassende Regelung des Strafrechts in Deutschland. Sie ist das erste Dokument, das die „peinliche Befragung" (Folter) als Instrument der gerichtlichen Untersuchungen nennt. Die Folter ist zwar schon seit Beginn des 14. Jahrhunderts üblich, doch schränkt die „Carolina" ihre Verwendung ein: Sie ist nur bei dringendem Tatverdacht erlaubt, wenn es weder Beweise noch ein Geständnis gibt. Kinder, Alte, Schwangere, Kranke und Behinderte dürfen nicht gefoltert werden.

1534 In Münster errichten radikale Täufer eine religiöse Diktatur, die im Juni 1535 von Reichstruppen gewaltsam beendet wird.

1543 Der Astronom Nikolaus Kopernikus veröffentlicht seine Schrift „Von den Umdrehungen der Himmelkörper", in der er die These aufstellt, dass sich die Erde um die Sonne dreht. Sie wird zunächst als Hirngespinst abgetan.

1545 In Trient beginnt ein Konzil der katholischen Kirche, das sich mit den Auswirkungen der Reformation beschäftigt. Es dauert bis 1563 und beschließt unter anderem die Gegenreformation: einen Versuch, Gläubige zurückzugewinnen. Mit dieser Mission wird der 1534 gegründete Orden der Jesuiten betraut. Außerdem werden einige interne Reformen beschlossen, zum Beispiel eine bessere Ausbildung der Priester. Schließlich werden auch katholische Standpunkte festgeschrieben, darunter zum Beispiel die Überzeugung, dass religiöse Wahrheiten nicht nur in der Bibel stehen, sondern auch aus Entscheidungen des Papstes oder kirchlicher Tradition resultieren können.

1546 – 1547 Nachdem Karl V. durch einen vorläufigen Sieg über Franz I. in Italien freie Hand hat und sich die protestantischen Fürsten zudem geweigert haben, am Konzil von Trient teilzunehmen, geht der Kaiser militärisch gegen den Schmalkaldischen Bund vor. Mit Hilfe des protestantischen Fürsten Moritz von Sachsen setzt er sich schnell durch. Nach dem Sieg belohnt er Moritz dafür mit der Kurfürstenwürde seines besiegten und geächteten Verwandten Johann Friedrich I. von Sachsen.

1552 Moritz von Sachsen wechselt die Seiten. Er setzt sich an die Spitze eines Fürstenaufstandes gegen Karl V. und schließt ein Bündnis mit dem neuen französischen König Heinrich II., dem er dafür die Bistümer Metz, Toul und Verdun übergibt. Aber nicht nur die protestantischen, sondern auch viele katholische Fürsten stehen zu diesem Zeitpunkt nicht mehr hinter dem Kaiser und verhalten sich neutral, da sie durch den großen habsburgischen Besitz und die absolutistischen Neigungen

Karls V. (die er allerdings nie annähernd verwirklichen kann) ihre eigene Machtposition bedroht sehen. Am Ende muss Karl V. fliehen. Während er vergeblich versucht, Metz zurückzuerobern, handelt sein Bruder Ferdinand – König von Böhmen und später Kaiser Ferdinand I. – mit den Fürsten eine vorläufige Anerkennung des protestantischen Glaubens aus.

1555 Ferdinand und die Reichsfürsten einigen sich auf den Augsburger Religionsfrieden. Lutheraner und Katholiken werden als gleichberechtigt anerkannt, nicht jedoch die Calvinisten und andere Religionsgruppen. Die Fürsten dürfen ihr Bekenntnis frei wählen. Ihre Untertanen müssen sich dem anpassen oder – wenn sie nicht leibeigen sind – auswandern. In Reichsstädten, in denen bereits beide Konfessionen vertreten sind, wird dagegen die gegenseitige Duldung verlangt.

1556 Kaiser Karl V., der sowohl mit seiner Vorstellung von einer universalen Kaiserherrschaft als auch bei der Bekämpfung der Reformation gescheitert ist, dankt ab. Zu seinem Nachfolger im römisch-deutschen Reich ernennt er seinen Bruder Ferdinand I., der auch die osteuropäischen Erblande (Ungarn, Böhmen, Kroatien und Slawonien) bekommt, während sein ältester Sohn Philipp II. Spanien, die italienischen Besitzungen, die spanischen Überseegebiete und die Niederlande erhält.

1563   Der Kurfürst der Pfalz, Friedrich III., setzt in seinem Land
        den reformierten (calvinistischen) Protestantismus durch,
        während in Bayern die Gegenreformation beginnt.

1564   Nach dem Tod Ferdinands I. 1564 wird sein Sohn Maxi-
        milian II. neuer Kaiser. Dieser neigt zum Protestantismus
        und lässt den Übertritt norddeutscher Bistümer zum
        Protestantismus zu (Magdeburg, Halberstadt, Bremen,
        Merseburg, Meißen, Naumburg, Lübeck).

1576   Maximilian II. stirbt, sein Nachfolger wird sein Sohn
        Rudolf II. Er wurde in Spanien von den Jesuiten erzo-
        gen und fördert zunächst die Gegenreformation in den
        Habsburger Erblanden. Mit der Zeit lebt er aber immer
        zurückgezogener in der Prager Burg.

1582   Kaiserliche und bayerische Truppen verhindern, dass der
        Kölner Erzbischof, der zum protestantischen Glauben
        übergetreten ist, sein Bistum in ein weltliches Fürsten-
        tum umwandelt.

1596   Herzog Ferdinand von Innerösterreich (der spätere Kö-
        nig von Böhmen und Kaiser Ferdinand II.) beginnt mit
        einer rigorosen Bekämpfung des Protestantismus in
        seinen Ländern (Steiermark, Kärnten, Krain). Er lässt Kir-
        chen zerstören, protestantische Bücher verbrennen und
        100 000 Gläubige aus dem Land treiben.

1607 Im Auftrag des Kaisers besetzt Herzog Maximilian I. von Bayern das protestantische Donauwörth, da dort katholische Bürger an der Religionsausübung gehindert wurden, und rekatholisiert die Stadt.

1608 Auf dem Reichstag zu Regensburg protestieren die protestantischen Fürsten gegen eine Verletzung des Augsburger Religionsfriedens im Fall Donauwörth. Die katholischen Fürsten fordern daraufhin die Rekatholisierung der norddeutschen Bistümer. Daraufhin verlassen die Protestanten den Reichstag und gründen die Protestantische Union, der sich jedoch nicht alle protestantischen Reichsstände anschließen. Österreich, Ungarn und Mähren wählen statt dem Sonderling Rudolf II. seinen Bruder Matthias zu ihrem Herrscher.

1609 Um Böhmen im Habsburger Bruderzwist auf seiner Seite zu halten, gewährt Kaiser Rudolf II. den Reichständen von Böhmen und Schlesien im sogenannten „Majestätsbrief" Religionsfreiheit. Maximilian I. von Bayern gründet als Antwort auf die Protestantische Union die Katholische Liga. Rudolfs Prager Hofastronom Johannes Kepler veröffentlicht seine Schrift über die Bewegung der Planeten auf elliptischen Bahnen und beweist damit die Richtigkeit des Kopernikanischen Weltbilds.

1609 –   Ein Streit um das Erbe des kinderlos verstorbenen Her-
1614   zogs Johann Wilhelm von Jülich-Kleve-Berg führt dazu,
         dass Kaiser Rudolf II. das Gebiet besetzen lässt. Dar-
         aufhin kommt es zu Protesten, die bis hin zu Kriegs-
         drohungen von Seiten Frankreichs, Englands und der
         Niederlande reichen. Am Ende einigen sich jedoch die
         Nachkommen von Johann Wilhelms Schwestern – der
         Kurfürst von Brandenburg und der Herzog von Pfalz-
         Neuenburg – auf eine Teilung der Länder.

1617   Matthias, seit dem Tod Rudolfs II. 1612 Kaiser, sorgt da-
         für, dass sein Cousin Ferdinand von Innerösterreich zum
         König von Böhmen gekrönt wird. Ferdinand garantiert
         den böhmischen Reichsständen die im Majestätsbrief
         von 1609 gewährte Religionsfreiheit.

1618   (23. Mai) Ferdinand von Innerösterreich und Böhmen
         widerruft den Majestätsbrief. Dies führt dazu, dass die
         böhmischen Reichsstände die königlichen Statthalter
         aus einem Fenster des Prager Hradschin werfen. Dies
         gilt als Beginn des Dreißigjährigen Krieges, da der „Pra-
         ger Fenstersturz" erste militärische Aktionen zwischen
         den Böhmen und kaiserlichen Truppen nach sich zieht.

1619   Nach dem Tod von Kaiser Matthias wird sein desi-
         gnierter Nachfolger Ferdinand von Innerösterreich und
         Böhmen als Ferdinand II. von den Kurfürsten zum neu-

en Kaiser gewählt. Die böhmischen Reichsstände haben sich inzwischen eine neue Verfassung gegeben und eine provisorische Regierung gebildet. Im August setzen sie Ferdinand II. ab und wählen Friedrich V. von der Pfalz, den calvinistischen Führer der Protestantischen Union, zu ihrem neuen König. Am 19. Oktober schließt Ferdinand II. ein militärisches Abkommen mit der Katholischen Liga. Friedrich V. erhält dagegen keine Hilfe aus England und den Niederlanden, wie er gehofft hat. Auch die Protestantische Union ist nur teilweise auf seiner Seite.

1620　(8. November) Die kaiserlichen Truppen, unterstützt von Spanien und der Katholischen Liga, schlagen unter der Führung des bayerischen Feldherrn Tilly die Protestanten am Weißen Berg bei Prag. Friedrich V. wird geächtet und flieht. Wegen seiner nur etwa einjährigen Regierungszeit erhält er den Spottnamen „Winterkönig". Böhmen wird gewaltsam rekatholisiert. Viele Anführer der Revolte werden hingerichtet, fast die Hälfte der adeligen Territorien wird enteignet und an Landfremde übertragen. Etwa 150 000 Menschen emigrieren. Die alten Rechte der Reichsstände werden abgeschafft und durch eine absolutistische Herrschaft ersetzt. Die Protestantische Union löst sich auf. Lediglich einige Heerführer, darunter Christian von Braunschweig, setzen den Kampf fort.

1622 –	Das katholische Heer erobert die Pfalz, danach verfolgt
1623	der kaiserliche Feldherr Tilly Christian von Braunschweig nach Norden und schlägt ihn am 5. und 6. August bei Stadtlohn im Münsterland. Anschließend beginnt Tilly damit, in Niedersachsen protestantische Städte zu unterwerfen und ehemalige Klöster und Bistümer zu rekatholisieren.

1625 –	Die Furcht, Kaiser Ferdinand II. könne entweder in den
1629	Freiheitskampf der Niederländer zugunsten seiner spanischen Verwandten eingreifen oder weitere deutsche Gebiete gewaltsam rekatholisieren und eine absolutistische Herrschaft durchsetzen, alarmiert die übrigen europäischen Mächte. Unterstützt von Frankreich, England und den Niederlanden, greift Christian IV. von Dänemark in den Krieg ein. Er wird jedoch 1626 von Tilly in der Nähe von Salzgitter geschlagen. Anschließend unterwirft der kaiserliche Feldherr Albrecht von Wallenstein die protestantischen Herzöge von Mecklenburg. 1629 schließt Christian IV. von Dänemark Frieden mit dem Kaiser.

1629	Kaiser Ferdinand II. fordert im Restitutionsedikt die Rückgabe aller geistlichen Gebiete, die nach 1552 protestantisch geworden sind. Außerdem hebt er das Existenzrecht protestantischer Gemeinden in geistlichen Territorien auf.

1630 Französisches Geld und Wallensteins Pläne, eine kaiserliche Flotte in der Ostsee aufzubauen, bewegen im Juli den schwedischen König Gustav II. Adolf, in den Krieg einzugreifen. Trotzdem zwingen die katholischen Fürsten Kaiser Ferdinand II. im September, Wallenstein zu entlassen.

1631 Tilly nimmt im Mai Magdeburg ein. Seine Soldaten plündern daraufhin die Stadt und brennen sie nieder. Kurz darauf wird Tilly jedoch von Gustav II. Adolf geschlagen und die Stellung der Kaiserlichen in Norddeutschland bricht zusammen. Erst jetzt schließen sich die meisten protestantischen Reichsstände den Schweden an.

1632 Tilly fällt in einer erneuten Schlacht gegen Gustav II. Adolf, worauf Ferdinand II. Wallenstein zurückholt. Der Schwedenkönig kann sich zunächst durchsetzen und in München einziehen, fällt jedoch in der Schlacht bei Lützen. Der schwedische Reichskanzler Axel Oxenstierna entschließt sich, den Krieg weiterzuführen.

1634 Nach einem Streit mit Maximilian I. von Bayern verhandelt Wallenstein eigenmächtig mit den Schweden. Ferdinand II. lässt ihn daraufhin wegen Verrats absetzen und ermorden. Später verlieren die Schweden die Schlacht von Nördlingen und die meisten protestantischen Fürsten schließen Frieden mit der Katholischen Liga.

1635 –   Nachdem die Schweden nun beinahe alleine dastehen,
1648   greift Frankreich in den Krieg ein. Die Brutalität, mit der
        die Söldner beider Seiten die letzten Lebensmittel von
        der Bevölkerung eintreiben, wird immer größer und
        nimmt oft sadistische Züge an.

1648   Der Dreißigjährige Krieg wird mit der Unterzeichnung
        des Westfälischen Friedens beendet. Bis auf einige Mit-
        telgebirge sind alle Teile Deutschlands schwer geschä-
        digt. Insgesamt schätzt man, dass auf dem Land etwa
        40, in den Städten 30 Prozent der Bevölkerung gestor-
        ben sind – vor allem durch Hungersnöte, Seuchen und
        gewalttätige Übergriffe der Soldaten.

Der Westfälische Friede

Der Friedensvertrag legt fest, dass die konfessionellen Verhältnisse so bleiben, wie sie am 1. Januar 1624 gewesen
sind. Außer den Lutheranern werden auch die reformier-
ten Calvinisten anerkannt. Schweden bekommt Vorpommern, Frankreich Teile des Elsass. Die Schweiz und die
Niederlande werden als selbstständige Staaten anerkannt.
Deutsche Fürsten, die Gebiete abtreten müssen, werden
durch ehemalige kirchliche Stifte entschädigt.

1648 – 1815
Das Zeitalter der Fürsten

Nach dem Dreißigjährigen Krieg ging der Wiederaufbau mit einem Ausbau der absoluten Macht der Territorialfürsten einher. Vor allem Preußen konnte sich in kurzer Zeit eine europäische Großmachtstellung sichern. Das 18. Jahrhundert war dann geprägt von den Machtkämpfen der vier Großmächte Frankreich, Habsburg, Preußen und Russland, in denen sich die kleineren deutschen Fürsten mal auf diese, mal auf jene Seite schlugen.

Der Aufstieg Napoleons in Frankreich führte dann endgültig dazu, dass das römisch-deutsche Kaiserreich auseinanderbrach. Nur wenige Jahre später schürte der gemeinsame Kampf gegen Napoleon jedoch bei weiten Teilen der Bevölkerung den Wunsch nach einem deutschen Nationalstaat.

Der Aufstieg Brandenburg-Preußens

Seit 1643 saß in Frankreich Ludwig XIV. auf dem Thron, jener König, der zum Inbegriff des Absolutismus wurde. In Deutschland dagegen war der Versuch der Habsburger, eine ähnliche Machtposition aufzubauen, mit dem Dreißigjährigen Krieg endgültig gescheitert.

Als absolute Herrscher über die Habsburger Erblande gehörten die römisch-deutschen Kaiser immer noch zu den mächtigsten Fürsten Europas, als oberste Instanz des Kaiserreichs aber erfüllten sie kaum mehr als eine repräsentative Rolle. Deutschland war endgültig zu einem Bund von mittelgroßen, kleinen und kleinsten Staaten geworden, die zwar kulturell, aber kaum noch politisch zusammengehörten.

In diesen einzelnen Staaten jedoch fasste der Absolutismus sehr wohl Fuß. Das war zunächst nicht zum Schaden des Landes. Tüchtigen Herrschern gelang es zum Teil erstaunlich schnell, ihre vom Krieg schwer verwüsteten Länder wieder aufzubauen, indem sie die Entwicklung zentral lenkten.

Die erstaunlichste „Karriere" im Nachkriegsdeutschland des 17. Jahrhunderts machte jedoch Brandenburg-Preußen. Brandenburg war zwar Kurfürstentum, doch militärisch und wirtschaftlich bis dato ein Leichtgewicht. Kurfürst Georg Wilhelm hatte sich im Dreißigjährigen Krieg abwechselnd mit der katholischen und der protestantischen Seite verbündet, da er kaum über eigene Soldaten verfügte. Dies führte dazu, dass sein Land mehr als einmal verwüstet wurde.

Seinen ältesten Sohn Friedrich Wilhelm hatte der Kurfürst während des Krieges in die Niederlande geschickt, wo der Thronfolger den wirtschaftlich und technisch modernsten Staat Europas kennenlernte. 1640 übernahm er dann als Kurfürst Friedrich Wilhelm I. von Brandenburg (der „Große Kurfürst") die Regierungsgeschäfte und schaffte es schon während des Krieges durch einen Sonderfrieden mit den Schweden, die Lage seines Landes erheblich zu erleichtern. 1648 musste er zwar Vorpommern an Schweden abtreten, konnte dafür aber Hinterpommern und mehrere geistliche Stifte als Entschädigung herausschlagen. Außerdem war er maßgeblich daran beteiligt, dass auch der reformierte Glaube in Deutschland anerkannt wurde.

Wiederaufbau durch Friedrich Wilhelm I. von Brandenburg

In der Folge betrieb Friedrich Wilhelm I. von Brandenburg eine energische Wiederaufbaupolitik. Er verschaffte Brandenburg-Preußen eine starke Armee, eine gut organisierte Verwaltung und volle Kassen. Die Adeligen seines Landes ließ er auf ihren großen Gütern ebenfalls kleine Absolutisten sein, aus der Landespolitik jedoch drängte er sie hinaus.

1653 fand in Brandenburg der letzte allgemeine Landtag statt, auf dem die Landstände gegen die Sicherung ihrer sozialen Privilegien auf eine weitere politische Mitbestimmung verzichteten. Auch die Nachfolger des „Großen Kurfürsten" entwickelten Brandenburg-Preußen konsequent zu einem militärischen und wirtschaftlichen Schwergewicht weiter. Ab 1740 spielte Friedrich der Große diese Stärken dann konsequent aus.

Der Kampf der Großmächte

Während vor dem Dreißigjährigen Krieg die meisten Staaten nur über wenige ständige Regimenter verfügten und bei Bedarf Landsknechte und Söldner aus aller Herren Länder angeworben hatten, legte sich danach nicht nur Brandenburg-Preußen ein stehendes Heer zu, das auch reichlich Beschäftigung fand.

Wechselnde Bündnisse und Kabinettskriege

Das 17. und 18. Jahrhundert waren die Zeit der „Kabinettskriege". Um ihre Macht zu erweitern und ihre Kassen zu füllen, führten die absolutistischen Herrscher immer dann Krieg, wenn die Gelegenheit günstig erschien – vor allem, wenn irgendwo nach dem Tod eines Fürsten die Erbfolge nicht ganz klar geregelt war. Oft ging es gar nicht darum, die Erbfolge anzutreten, sondern man wollte „Entschädigungen" (Kompensationen) dafür erkämpfen, dass man die Erbfolge eines anderen erduldete. Diese Kriege wurden im fürstlichen Kabinett in kleiner Runde geplant und selten bis zum letzten Blutstropfen ausgefochten.

Auch die deutschen Fürsten koalierten untereinander nur, wenn ihnen dies aus taktischen Gründen nützlich erschien. Vor allem Bündnisse mit dem mächtigen Ludwig XIV. von Frankreich eigneten sich gut, um Interessen durchzusetzen.

Aber obwohl es Ludwig XIV. immer wieder gelang, deutsche Verbündete für seine Politik gegen Österreich zu finden, konnte er – anders als später Napoleon – keine Koalition schmieden, auf die er sich auch verlassen konnte.

Russland und Preußen

Im 18. Jahrhundert änderten sich die Machtverhältnisse in Europa dann entscheidend. Zunächst machte Zar Peter der Große das arme und isoliert liegende Russland zur europäischen Großmacht, die nicht nur westliche Sitten übernahm, sondern auch gewaltig in der europäischen Politik mitzumischen begann.

Dann brachte Friedrich der Große sein militärisches Genie und die Stärke der preußischen Armee ins Spiel. Nachdem er unter fadenscheinigen Begründungen ins reiche Schlesien eingefallen war, war plötzlich Preußen der Hauptfeind der Österreicher, während sich in Frankreich Ludwig XV. ganz der Förderung von Wirtschaft und Kultur und seinen zahlreichen Mätressen widmete.

Am Ende gelang es aber trotz ihrer gegenseitigen Rivalität sowohl Friedrich dem Großen als auch der russischen Zarin Katharina der Großen sowie der österreichischen Regentin Maria Theresia, die eigene Macht – außenpolitisch auf Kosten Polens, innenpolitisch vor allem durch Reformen – auszubauen.

Die Aufklärung

Bereits der Humanismus der Renaissance war ein Versuch gewesen, Vernunft und eigenes Denken an die Stelle von religiösen Dogmen und tradierten Vorstellungen zu setzen. Durch die Reformation und die anschließende religiöse Vielfalt und allmähliche Sakulärisierung des Lebens wurde zwar keine völlige, aber doch eine weitgehende Emanzipation gegenüber der Kirche erreicht – nicht jedoch gegenüber der weltlichen Gewalt der Fürsten. Diese Emanzipation der „Untertanen" fand dann mit der Aufklärung statt.

Die Aufklärung ist gemäß Immanuel Kant die Besinnung des Menschen auf seine eigene Vernunft als Wegweiser für sein Handeln und Denken. Ihre Wurzeln hatte sie in Frankreich und England, wo Montesquieu, Rousseau und Locke die politischen Konzepte der Zukunft wie Demokratie, Menschenrechte, Gewaltenteilung und Gesellschaftsvertrag entwarfen. In Deutschland dagegen hatte der Dreißigjährige Krieg das reiche, gebildete und selbstbewusste Bürgertum vernichtet. Allerdings war es vielen absolutistischen Fürsten durchaus ein Anliegen, die Bildung zu fördern. Mit Ausnahme von Kant waren es aber weniger die Philosophen als die Literaten, die die Aufklärung vorantrieben. Als wichtigster Dichter der deutschen Aufklärung gilt Gotthold Ephraim Lessing (1729 bis 1781). Sein Held Nathan der Weise hält im gleichnamigen Drama mit der bekannten „Ringparabel" eines der bedeutendsten Plädoyers für Geistesfreiheit und Toleranz der Weltliteratur.

Neue Verhältnisse in Frankreich

1789 erlag das französische Königreich seinen ungelösten innenpolitischen Problemen. Der Versuch der französischen Nationalversammlung, eine Demokratie zu errichten, begeisterte liberale Kräfte in ganz Europa. Die deutschen Fürsten dagegen fanden sich 1792 zu einer militärischen Koalition gegen das revolutionäre Frankreich zusammen. Damit spielten sie einerseits den radikalen Kräften in Frankreich in die Hand, die im Folgejahr das Königspaar hinrichten ließen und danach eine Terrorherrschaft errichteten. Andererseits mussten die deutschen Fürsten aber auch feststellen, dass ihre auf die „Kabinettskriege" ausgerichteten Heere dem riesigen und „mit Herzblut" kämpfenden französischen Volksheer nicht gewachsen waren – vor allem, als ab 1796 ein junger, genialer Stratege namens Napoleon Bonaparte das Kommando übernahm.

Napoleon

Das Misstrauen, mit dem die meisten deutschen Fürsten der Habsburger Großmacht begegneten, war im Verlauf des 18. Jahrhunderts noch gewachsen. Bayern, Baden und Württemberg erklärten deshalb ihren Austritt aus dem Reich. Andere Staaten schlossen sich dem „Rheinbund" an, was die offizielle Auflösung des römisch-deutschen Kaiserreichs zur Folge hatte. Da die Fürsten der Rheinbundstaaten den Code Napoléon übernehmen und innere Reformen durchführen mussten, stieß das Bündnis mit Frankreich bei vielen

Bürgern auf Zustimmung. Auch die Fürsten wurden durch Rangerhöhungen zufriedengestellt und konnten durch die Auflösung kleinerer Reichsstände auf ihrem Gebiet ihre Macht erweitern.

Code Civil (Code Napoléon)

1804 führte Napoleon in Frankreich ein bürgerliches Gesetzbuch ein, das nach ihm auch Code Napoléon genannt wird. Es war derart modern, dass mehr als die Hälfte der Artikel in Frankreich heute immer noch unverändert gültig sind. Der Code Napoléon schrieb erstmals die Gleichheit aller Menschen vor dem Gesetz vor, garantierte bürgerliche Freiheitsrechte, den Schutz des Privateigentums, die Gewerbefreiheit und die Trennung von Kirche und Staat.

Das „System Napoleon" geriet jedoch ins Wanken, als seine Anstrengungen, auch Russland und England auszuschalten, den verbündeten Staaten immer größere Opfer auferlegten. Sie mussten seine Kriege mit immer größeren Truppenkontingenten und Zahlungen unterstützen, während die Kontinentalsperre – eine Wirtschaftsblockade – gegen Großbritannien das Wirtschaftsleben schwer schädigte. Der Russlandfeldzug 1812 ließ den Rheinbund schließlich auseinanderbrechen. Fast alle deutschen Staaten schlossen sich dem antinapoleonischen Bündnis an, das den französischen Kaiser 1814 vorübergehend und ein Jahr später dann endgültig entmachtete.

Der Absolutismus

Herrscher, die weitgehend „absolut", also unabhängig von anderen politischen Kräften, regieren konnten, hat es in der Geschichte immer wieder gegeben. Mit dem Begriff Absolutismus wird heute die Phase zwischen dem Dreißigjährigen Krieg und der Französischen Revolution bezeichnet, in der die Herrscher in fast ganz Europa das traditionelle Mitspracherecht der Stände ausschalteten.

Großes Vorbild war Frankreich mit seinem „Sonnenkönig" Ludwig XIV., dem die deutschen Fürsten nachzueifern versuchten. Die Palette der Spielarten des Absolutismus in Deutschland war allerdings so bunt wie die politische Landkarte: Es gab wohlwollende Landesväter wie den Markgrafen Karl Friedrich von Baden, aber auch Despoten wie Karl Eugen von Württemberg, der seine Untertanen als Soldaten nach Amerika verkaufte. Der deutsche Fürst, dem es am ehesten gelang, an das französische Vorbild heranzureichen, war August der Starke von Sachsen.

Doch auch die absolutistischen Fürsten, die sich bescheidener gaben, brauchten für ihre Hofhaltung, ihre repräsentativen Bauten und ihre stehenden Heere viel Geld, das nicht allein durch Steuern aufgebracht werden konnte. Deshalb ging der Absolutismus meist mit einer Förderung der Wirtschaft einher. Auch hier waren Ludwig XIV. von Frankreich beispielgebend. Das ganze Wirtschaftsleben wurde streng kontrolliert, wie überhaupt die „ordnende Hand der Obrigkeit" im Absolutismus meist Überregulierung betrieb.

1648 Nach dem Ende des Dreißigjährigen Krieges beginnt der Wiederaufbau der betroffenen Gebiete. Er ist Sache der einzelnen Landesfürsten, deren Stellung durch den Westfälischen Frieden unabhängiger als je zuvor geworden ist.

1658 Um zum Kaiser gewählt zu werden, unterzeichnet Leopold I. eine Wahlkapitulation, die den Landständen in den Reichsgebieten das Selbstversammlungsrecht und jegliches Mitspracherecht bei Landessteuern nimmt. Ausgearbeitet hat diese Kapitulation Kurfürst Friedrich Wilhelm I. von Brandenburg, der in seinem Land die Landstände bereits einige Jahre zuvor entmachtet hat.

Die Landstände

Parallel zu den Reichsständen, den Vertretern der einzelnen Territorien im Kaiserreich, hatten sich in den einzelnen Ländern Landstände gebildet. In der Regel gab es drei Stände, in denen die Vertreter der Kirche, des Adels und der Bürger aufgestellt waren. In manchen Ländern waren auch die freien Bauern ständisch vertreten. Auf den Landtagen wurde meist wie auf den Reichstagen zunächst innerhalb der einzelnen Ständekammern ein Konsens hergestellt und dann nach Ständen abgestimmt. Mit der Wahlkapitulation Leopolds I. wurden die Landtage als politisches Mitspracheorgan entmachtet.

1663 Die deutschen Fürsten beschließen die Einrichtung eines „Immerwährenden Reichstages" in Regensburg. Das bedeutet einerseits, dass Reichsangelegenheiten nun ständig beraten werden können, andererseits aber auch, dass die Fürsten nicht mehr persönlich am Reichstag teilnehmen, sondern sich von Gesandten vertreten lassen. Der Regensburger Reichstag wird 1806 mit dem Reich aufgelöst.

1672 – 1679 Französisch-Niederländischer Krieg: Da viele Reichsfürsten befürchten, dass Ludwig XIV. im Rahmen dieses Krieges auch deutsche Gebiete im Rheinland erobern könnte, tritt das Reich auf Seite der Niederlande in den Krieg ein – gegen die Stimmen von Bayern und einigen kleineren Ländern, die mit Frankreich verbündet sind. Während des Krieges fallen die Schweden auf Druck Frankreichs in Brandenburg ein, werden 1675 bei Fehrbellin jedoch vernichtend geschlagen. Brandenburg erobert Vorpommern, muss es jedoch wieder zurückgeben, da die antifranzösische Koalition insgesamt den Krieg verliert. Frankreich erhält daraufhin Teile Elsass-Lothringens.

In der Folgezeit annektiert Ludwig XIV. mehrere rheinische Gebiete wie Saarbrücken, Straßburg und Teile Luxemburgs, da sie früher einmal zu Territorien gehört haben, die mittlerweile französisch sind (Reunionspolitik). Das Reich, das sich nicht einig ist und außerdem damit beschäftigt ist, gegen die Türken zu kämpfen, nimmt diese Annexionen zunächst hin.

1683   Nach jahrelangen Feldzügen gegen Polen und die Ukraine schickt Sultan Mehmed IV. ein rund 200 000 Mann starkes Heer nach Österreich und belagert Wien. Österreich erhält Unterstützung aus ganz Europa. Nur Ludwig XIV. droht seinen Untertanen mit Ungnade, sollten sie den Habsburgern zur Seite stehen – wovon sich allerdings nicht alle abhalten lassen. Nachdem Wien einer zweimonatigen Belagerung hat standhalten können, werden die Türken am 12. September durch die europäische Allianz unter Führung des lothringischen Herzogs Karl V. und des polnischen Königs Jan Sobieski vernichtend geschlagen. Österreich startet anschließend eine Gegenoffensive und kann unter dem Kommando von Prinz Eugen von Savoyen bis 1699 die besetzten Teile Ungarns zurückerobern.

Kurfürst Friedrich Wilhelm I. von Brandenburg gründet die Kolonie „Groß Friedrichsburg" an der Küste von Ghana. Die ersten 15 Jahre verläuft der Handel mit Metallen und Sklaven gewinnbringend, dann bricht er jedoch ein. Der Enkel des Kurfürsten, König Friedrich Wilhelm I., verkauft die Kolonie 1720 an die Niederländische Westindien-Kompanie.

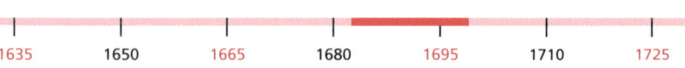

1688 – Pfälzischer Erbfolgekrieg: Nach dem Tod des kinderlosen
1697 Pfälzer Kurfürsten Karl II. wird sein entfernter Verwandter Philipp Wilhelm von Pfalz-Neuburg sein Nachfolger. Ludwig XIV. von Frankreich meldet jedoch im Namen von Karls Schwester Liselotte, die mit einem Bruder Ludwigs XIV. verheiratet ist, Erbansprüche an, obwohl Liselotte vor ihrer Hochzeit ausdrücklich darauf verzichtet hat. Dementsprechend wurde den französischen Forderungen nicht nachgegeben. 1688 fällt Ludwig XIV. in die Pfalz ein und verwüstet sie („Brûlez le Palatinat – Brennt die Pfalz nieder!"). Sein klares Kriegsziel war die Sicherung und der Ausbau französischer Gebiete auf deutschen Boden. Der Reichstag erklärt ihm daraufhin zwar den Krieg, doch die deutschen Fürsten organisieren ihr militärisches Vorgehen zunächst nur sehr zögerlich. 1689 jedoch treten das Fürstentum Savoyen und vor allem der englische König Wilhelm III., der gleichzeitig Statthalter der Niederlande ist, dem antifranzösischen Bündnis bei. In den folgenden Jahren kann sich keine der Parteien entscheidend durchsetzen. Am Ende verzichtet Frankreich auf seinen Anspruch auf die Pfalz und gibt einen Teil der annektierten deutschen Territorien zurück, darf jedoch Straßburg und das Elsass behalten.

1697 August der Starke von Sachsen wird zum polnischen König gewählt. Dafür muss er zum katholischen Glauben übertreten.

August der Starke

Der sächsische Kurfürst wurde 1670 als jüngerer Sohn von Kurfürst Georg III. von Sachsen geboren und kam nur durch den Tod seines Bruders 1694 auf den Thron. Von allen deutschen Fürsten pflegte er die prunkvollste Hofhaltung. Er holte die besten Künstler an seinen Hof, förderte daneben aber auch Handel und Gewerbe. Obwohl Sachsen dadurch einen gewaltigen wirtschaftlichen Aufschwung erlebte, reichten die Einnahmen nicht, um seinen aufwändigen Lebensstil zu finanzieren. Vor allem die Wahl zum polnischen König gegen eine starke Opposition und die anschließende gescheiterte Teilnahme am Großen Nordischen Krieg verursachten beträchtliche Kosten. Legendär waren sowohl seine Körperkräfte als auch die Anzahl seiner Mätressen – in beiden Fällen hat die Nachwelt allerdings maßlos übertrieben.

1700 –
1721   Großer (Dritter) Nordischer Krieg: Zar Peter der Große, Friedrich IV. von Dänemark und August der Starke von Sachsen und Polen beschließen, die schwedische Vormachtstellung im Ostseeraum zu brechen. Dies gelingt ihnen zwar, doch Sachsen wird 1706 von schwedischen Truppen besetzt, worauf August der Starke einen Sonderfrieden mit dem schwedischen König Karl XII. schließt. Als Peter der Große aber 1709 bei Poltawa einen entscheidenden Sieg über Schweden erringt, treten Sachsen, Brandenburg-Preußen und Hannover an seiner

Seite wieder in den Krieg ein. Brandenburg-Preußen erhält am Ende das schwedische Vorpommern, Hannover die Bistümer Verden und Bremen. Russland erhält von Schweden Livland, Estland und Südkarelien und steigt zur europäischen Großmacht auf.

1701   Kurfürst Friedrich III. von Brandenburg aus dem Haus Hohenzollern krönt sich zum König Friedrich I. in Preußen.

Preußen

1618 starben die Herzöge von Preußen aus und ihr Land fiel an ihre brandenburgischen Verwandten, blieb aber ein Lehen der polnischen Krone. 1657 wechselte der „Große Kurfürst" Friedrich Wilhelm I. von Brandenburg im Zweiten Nordischen Krieg von der Seite Schwedens auf die der Polen. Diesen Bündniswechsel ließ er sich mit der vollen Freiheit Preußens bezahlen. Trotzdem holte sich sein Sohn Kurfürst Friedrich III. von Brandenburg die Zustimmung von Kaiser Leopold I. ein, bevor er sich 1701 in Königsberg eigenhändig zum König krönte. Die Hohenzollern nannte sich zunächst „Könige in Preußen", da sie nur über Ostpreußen regierten. Nachdem Friedrich der Große 1772 das polnische Westpreußen annektiert hatte, wurde daraus die Bezeichnung „König von Preußen". Im Laufe der Zeit ging der Name Preußen dann auf alle Besitzungen der Familie über.

1701 –　Spanischer Erbfolgekrieg: Schon vor dem Tod des
1714　kinderlosen spanischen Königs Karl II. aus dem Haus
　Habsburg am 1. November 1700 ist der Streit um sei-
　ne Nachfolge entbrannt. Sowohl die österreichischen
　Habsburger als auch die französischen Bourbonen er-
　heben Erbansprüche auf den spanischen Thron. Wil-
　helm III. von England, der beide Alternativen verhindern
　will, schlägt einen bayerischen Prinzen als Kandidaten
　für den Thron vor. Außerdem fordert er, dass die spa-
　nischen Besitztümer in Italien und den Niederlanden auf
　Österreich und Frankreich aufgeteilt werden sollten. Der
　bayerische Prinz stirbt jedoch und Karl II. von Spanien
　setzt schließlich den Bourbonen Philipp V., den Enkel
　seiner Schwester Maria Theresia und Ludwigs XIV., zu
　seinem Erben ein. Dies wollen weder Österreich noch
　England dulden und beginnen einen Krieg. Die deut-
　schen Staaten stehen teilweise auf der Seite des Kai-
　sers, teilweise auf der Frankreichs, sodass der Krieg um
　Spanien auch zum innerdeutschen Krieg wird. Am Ende
　bleibt Philipp V. spanischer König. Österreich erhält als
　Entschädigung jedoch die spanischen Besitzungen in
　Italien.

1713 –　In Brandenburg-Preußen regiert Friedrich Wilhelm I., der
1740　„Soldatenkönig". Er ist ein strenger, extrem sparsamer,
　frommer Pietist, der Pflichterfüllung und Gehorsam
　zu den berüchtigten „preußischen Tugenden" erhebt

und sein Land zum Militär- und Beamtenstaat macht. Preußen bekommt die schlagkräftigste und am besten ausgebildete Armee in Europa mit dem Garderegiment der sogenannten „Langen Kerls". Daneben aber fördert Friedrich Wilhelm I. auch die Wirtschaft, vor allem die Tuchindustrie. Außerdem siedelt er in Preußen 17 000 vertriebene Salzburger Lutheraner an. Am Ende seiner Regierungszeit verfügt sein Land über einen Staatsschatz von 9 Millionen Talern.

1714 Kurfürst Georg Ludwig von Hannover wird als Georg I. König von Großbritannien, da er als Urenkel Jakobs I. der nächste protestantische Verwandte ist und Katholiken seit 1701 (Act of Settlement) von der englischen Thronfolge ausgeschlossen sind.

1740 – 1748 Österreichischer Erbfolgekrieg: Gemäß der Pragmatischen Sanktion, die ihr Vater Karl VI. 1713 erlassen hat und die auch weibliche Thronfolger zulässt, wird Maria Theresia regierende Erzherzogin von Österreich. Bayern, Sachsen und Spanien, die sich selbst als rechtmäßige Erben der Habsburger Ländereien sehen, erkennen dies jedoch nicht an. Friedrich der Große, der einige Monate zuvor Herrscher von Brandenburg-Preußen geworden ist, will Maria Theresia zwar anerkennen, doch verlangt er als Preis für diese Anerkennung das reiche Schlesien und besetzt das Land kurzerhand. Es kommt zu einem

Krieg, in den sich wieder mehrere europäische Staaten und deutsche Länder einmischen. Am Ende wird Maria Theresia als Regentin der Habsburger Lande bestätigt, ihr Mann Franz I. Stephan von Lothringen als Kaiser. Schlesien müssen sie jedoch Friedrich dem Großen überlassen, Parma und Piacenza den Franzosen. In der Folge beginnt der österreichische Kanzler Wenzel von Kaunitz eine neue Bündnispolitik und sucht statt der traditionellen Allianz mit England eine Annäherung an Frankreich.

Friedrich der Große (Friedrich II.)

Friedrich der Große wurde 1712 geboren und war in seiner Jugend vor allem schöngeistigen Dingen zugetan. Unter der harten Erziehung, die ihm sein Vater, der „Soldatenkönig" Friedrich Wilhelm I., zuteil werden ließ, litt er derart, dass er 1730 einen Fluchtversuch unternahm. Dies brachte ihm selbst die Haft, seinem Freund Hans Hermann Katte gar die Hinrichtung ein. 1733 wurde er zu einer Ehe mit einer braunschweigischen Prinzessin gezwungen, die kinderlos blieb. Nach seinem Regierungsantritt nutzte er umgehend das von seinem Vater aufgebaute Heer für eine aggressive Außenpolitik. Später wurde er dann als „Alter Fritz" populär – als kauziger, aber gerechter Herrscher, der alle Härten der Feldzüge mit seinen Soldaten teilte. In seinen letzten Jahren wurde er jedoch auch immer misstrauischer, starrsinniger und einsamer.

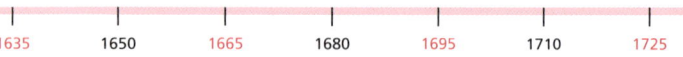

1756 –
1763   Siebenjähriger Krieg: Friedrich der Große befürchtet, dass bald ein Krieg gegen ihn ausbrechen könnte, und marschiert in Sachsen ein, das zu seinen potenziellen Gegnern gehört. Daraufhin hat er eine Allianz aus Österreich, Frankreich, Russland und mehreren deutschen Staaten gegen sich. Trotzdem gewinnt er anfangs mehrere Schlachten, erleidet jedoch 1759 eine katastrophale Niederlage bei Kunersdorf. In der Folge gerät er stark unter Druck. 1761 stirbt jedoch Zarin Elisabeth und ihr Nachfolger Peter III. schließt umgehend Frieden mit Preußen. Ein Jahr später entschließen sich die Parteien zum Frieden von Hubertusburg. Die preußische Eroberung Schlesiens wird dabei endgültig anerkannt, der Aufstieg Preußens zur europäischen Großmacht beginnt.

1772   Erste polnische Teilung: Die russische Zarin Katharina II. hat ihren einstigen Liebhaber Stanislaus Poniatowski zum polnischen König gemacht. Friedrich der Große befürchtet, dass die aus dieser Entscheidung resultierenden Unruhen Russland einen Vorwand zur Machtübernahme in Polen geben werden. Er schlägt Katharina II. und Maria Theresia von Österreich deshalb eine gütliche Einigung vor. Jede der drei Mächte soll demnach strategisch interessante Teile besetzen. Brandenburg-Preußen erhält auf diesem Wege Westpreußen und das Ermland.

1774 Der allen gesellschaftlichen Normen widersprechende Briefroman „Die Leiden des jungen Werther" des 25-jährigen Johann Wolfgang Goethe wird bei vielen Jugendlichen zum „Kult", von den gesellschaftlichen Autoritäten jedoch scharf kritisiert. Ob er wirklich eine Selbstmordwelle unter jungen Leuten auslöst, ist umstritten.

1775 Im Stift Kempten verhängt der Fürstabt Honorius von Schreckenstein gegen die Magd Anna Schwegelin zum letzten Mal in Deutschland ein Todesurteil wegen Hexerei. Ob es auch vollstreckt wurde, ist strittig.

1778 – 1779 Bayerischer Erbfolgekrieg („Kartoffelkrieg"): Mit diesem Krieg, in dem es jedoch zu keinem größeren Gefecht kommt, hindern die deutschen Fürsten, angeführt von Friedrich dem Großen, die Habsburger daran, dem neuen bayerischen Kurfürsten Karl Theodor Niederbayern und die Oberpfalz abzukaufen und so ihre Ländereien zu vergrößern.

1784 Der Königsberger Philosoph Immanuel Kant veröffentlicht seinen berühmten Aufsatz „Beantwortung der Frage: Was ist Aufklärung?". Darin bezeichnet er Aufklärung als „den Ausgang aus der selbstverschuldeten Unmündigkeit" des Menschen und fordert: „Wage zu denken!"

1785 Friedrich der Große gründet einen Fürstenbund, der der Stärkung des deutschen Reichs dienen soll, aber primär gegen Österreich gerichtet ist. Er zerfällt jedoch schon drei Jahre später wieder.

1789 (14. Juli) Mit dem Sturm des Stadtgefängnisses Bastille bricht in Frankreich bricht die Revolution los. Die Vertreter des dritten Standes (Bürger) übernehmen als Nationalversammlung die Macht und erklären am 26. August erstmalig in Europa allgemeine Menschen- und Bürgerrechte. Liberale und aufgeklärte Kreise in ganz Europa begeistern sich zunächst für den Freiheitskampf. In der Pfalz, in Baden und im Rheinland kommt es zu Unruhen, anderswo werden „Jakobinerklubs" gegründet. Die Fürsten gehen jedoch meist sehr rigoros gegen alle Sympathieäußerungen für die Revolution vor. Als vier Jahre später das französische Königspaar enthauptet wird und Frankreich im Terror versinkt, ist die Enttäuschung der Liberalen groß.

1792 Österreich und Preußen beginnen einen Krieg gegen das revolutionäre Frankreich (Erster Koalitionskrieg), dem sich ein Jahr später nach der Hinrichtung des französischen Königspaares weitere europäische Mächte anschließen. Es kommt jedoch schnell zu Niederlagen gegen das riesige und sehr bewegliche französische Volksheer.

1795   Polen wird liquidiert. Preußen, Österreich und Russland nutzen die Aufstände, die der zweiten „Teilung" 1793 folgen, um sich den Rest des Landes einzuverleiben. Damit verschwindet Polen bis 1918 ganz von der europäischen Landkarte. Um die Neueroberungen zu sichern, schließt Preußen Frieden mit Frankreich.

1796   Napoleon Bonaparte übernimmt die französische Italienarmee und zwingt Österreich ein Jahr später in die Knie. Allerdings flammt der Krieg zwei Jahre später wieder auf.

1801   Der Zweite Koalitionskrieg endet mit der Niederlage der antifranzösischen Koalition. Im Frieden von Lunéville muss das römisch-deutsche Reich alle Territorien links des Rheins an Frankreich abtreten.

1803   Der deutsche Reichstag entschädigt die Fürsten, die Land an Frankreich abtreten mussten, durch den Reichsdeputationshauptschluss.

Reichsdeputationshauptschluss

Hinter diesem Begriff, der etwa mit „Regelung einer zentralen Reichsangelegenheit" zu übersetzen ist, steckt der Beschluss des deutschen Reichstages, die geistlichen Reichsstände (Bistümer und Abteien) aufzulösen (Säkularisierung) und das Territorium an die Fürsten zu über-

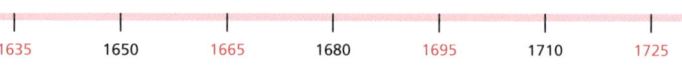

tragen, die auf der linken Seite des Rheins Land an Frankreich verloren hatten. Gleichzeitig entschließt man sich, die meisten Reichsstädte sowie kleinere Grafschaften und Reichsrittergüter den Fürsten zu unterstellen, auf deren Territorium sich der Besitz befindet (Mediatisierung). Vor allem Baden und Brandenburg erhalten im Zuge dieser Entwicklung ein Vielfaches der verloren gegangenen Gebiete wieder zurück. Nach Auflösung des Reichs betreiben die größeren Landesfürsten die Mediatisierung auf eigene Faust weiter.

1805   Österreich, Russland und Großbritannien beginnen in diesem Jahr einen Krieg gegen Frankreich, den sogenannten Dritten Koalitionskrieg. Bayern, Württemberg und Baden erklären jedoch ihren Austritt aus dem Reich und verbünden sich mit Napoleon. Nachdem Österreich am 2. Dezember die Dreikaiserschlacht bei Austerlitz verloren hat, muss es Gebiete an die drei deutschen Staaten und das von Napoleon gegründete Königreich Italien abtreten.

Allerdings verliert Napoleon auch die Seeschlacht von Trafalgar gegen die Briten und zwingt alle europäischen Mächte, sich an einer Wirtschaftsblockade gegen Großbritannien zu beteiligen – der Kontinentalsperre, die auf Dauer jedoch dem Kontinent mehr schadet als den Briten.

1806 Bayern, Baden und Württemberg gründen zusammen mit 13 kleineren deutschen Staaten den Rheinbund, dem in den nächsten zwei Jahren dann alle anderen deutschen Länder mit Ausnahme Preußens, Österreichs, Holsteins und Schwedisch-Pommerns beitreten. Napoleon fungiert als „Protektor" des Bundes. Dafür müssen ihm die Rheinbundstaaten Truppen stellen und innere Reformen nach französischem Vorbild durchführen. Bayern, Sachsen und Württemberg erklären sich zudem mit Napoleons Segen zu Königreichen, Baden und Hessen zu Großherzogtümern. Kaiser Franz II. löst daraufhin auf Napoleons Druck hin das Heilige Römische Reich auf. Er nennt sich künftig nur noch Kaiser von Österreich, einen Titel, den er sich schon 1804 anlässlich Napoleons Krönung zum Kaiser von Frankreich zugelegt hat. Nach über 1 000 Jahren erlischt somit die römisch-deutsche Kaiserwürde.

Aufgrund von Gerüchten, Napoleon wolle das von Preußen besetzte Kurfürstentum Hannover an England zurückgeben, beginnt Preußen einen Krieg gegen Napoleon (Vierter Koalitionskrieg), den es in der Schlacht bei Jena und Auerstädt (14. Oktober) schnell und gründlich verliert.

1807 König Friedrich Wilhelm III. von Preußen rettet sich in ein Bündnis mit dem russischen Zaren. Beide Mächte

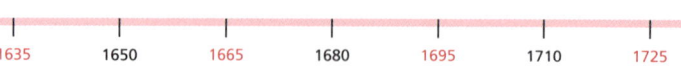

werden am 14. Juni bei Friedland/Ostpreußen von Napoleon geschlagen. Doch der Zar kann im Frieden von Tilsit verhindern, dass Napoleon Preußen ganz auflöst. Das Land verliert allerdings seine Besitzungen westlich der Elbe und die Beute aus den polnischen Teilungen. Aus diesen polnischen Gebieten bildet Napoleon das Herzogtum Warschau.

1809 Österreich versucht eine allgemeine deutsche Volkserhebung gegen Napoleon zu initiieren, die jedoch nur punktuell in Gang kommt. So revoltieren die Tiroler unter Andreas Hofer – allerdings nicht gegen Napoleon, sondern gegen ihre neuen bayerischen Herren. Im anschließenden Frieden von Schönbrunn muss Österreich weitere Gebiete an Bayern (Salzburg, Waldviertel), Frankreich und das Herzogtum Warschau abtreten.

1810 Napoleon besetzt Oldenburg und Ostfriesland, um der Kontinentalsperre gegen Großbritannien Nachdruck zu verleihen. Er gibt die besetzten Gebiete dem Königreich Holland, das von seinem Bruder Louis regiert wird.

1812 Napoleon möchte Zar Alexander I., der sich entgegen dem Vertrag von Tilsit nicht an der Kontinentalsperre gegen Großbritannien beteiligt und zudem ein Bündnis mit den Briten und Schweden geschlossen hat, in die Knie zwingen. Er rekrutiert eine etwa 700 000 Mann starke Armee und marschiert nach Russland. Im September kann er Moskau besetzen. Zar Alexander I. hat jedoch sowohl Napoleons Aufmarschgebiet als auch Moskau räumen und alle Vorräte zerstören lassen. Mitte Oktober entschließt sich Napoleon zum Rückzug, doch etwa zwei Drittel der Soldaten sterben an Kälte, Hunger, Krankheiten und den nadelstichartigen Angriffen der russischen Armee. Der preußische Offizier Ludwig Yorck von Wartenburg unterzeichnet am 30. Dezember ein Bündnis mit Russland.

1813　　Der preußische König Friedrich Wilhelm III. bestätigt nach langem Zögern und getrieben von der antinapoleonischen Stimmung in seinem Land die Koalition mit Russland, der anschließend auch Großbritannien, Österreich und Schweden beitreten. Am 19. Oktober gelingt dem Bündnis in der dreitägigen Völkerschlacht bei Leipzig der entscheidende Sieg über Napoleon. Bereits während der Schlacht laufen Soldaten der Rheinbundtruppen über, danach löst sich der Rheinbund endgültig auf. Gleichzeitig wird Napoleons Armee auch in Spanien von den Truppen des britischen Heerführers Wellington geschlagen.

1814　　Die Truppen der Koalition marschieren im März in Paris ein. Napoleon dankt ab und wird nach Elba verbannt. In Frankreich wird die Bourbonendynastie wieder eingesetzt, in Deutschland eine Wiederherstellung der Grenzen von 1792 beschlossen.

1815   Napoleon verlässt Ende Februar Elba und übernimmt wieder die Macht in Frankreich. Obwohl er den europäischen Mächten versichert, die Grenzen von 1792 zu respektieren, schließen Russland, England, Österreich und Preußen eine neue Koalition. Am 18. Juni schlagen die britischen und preußischen Truppen unter Führung von Wellington und Blücher Napoleon bei Waterloo endgültig. Napoleon wird auf die Insel St. Helena im Atlantik verbannt, wo er 1821 stirbt.

1815 – 1918
Das Zeitalter des Nationalismus

Nach dem Sieg gegen Napoleon drängte das Volk auf politische Reformen und die Gründung eines Nationalstaates, während die Fürsten ihre Macht zu sichern suchten. Dies führte 1848 zu einer Revolution, die jedoch scheiterte.

In der zweiten Hälfte des Jahrhunderts setzte sich Preußen im Machtkampf gegen Österreich durch. Bismarck gründete das Deutsche Kaiserreich, das jedoch nach seinem erzwungenen Rücktritt sofort in außenpolitische Schwierigkeiten geriet. Eine Mischung aus politischem Dilettantismus und gleichzeitig geschürtem aggressiven Nationalismus führte in den Ersten Weltkrieg, den Deutschland 1918 verlor.

Der Wiener Kongress

Nach dem ersten Sieg über Napoleon im Jahr 1814 trat in Wien ein europäischer Kongress zusammen, auf dem die Fürsten berieten, wie sie mit den zahlreichen Veränderungen, die Napoleons Politik bewirkt hatte, umgehen sollten. Einerseits war man sich einig, dass man die Zustände vor dem Jahr 1792 so weit wie möglich wiederherstellen wollte, andererseits weigerten sich die Gewinner der napoleonischen Politik, ihre neu dazugekommenen Territorien und Rangerhöhungen wieder aufzugeben. Unter Vorsitz des österreichischen Außenministers Klemens von Metternich kam es auf dem Wiener Kongress zwar zu einer Restaurierung der Macht der Fürsten, aber auch zu gewaltigen territorialen Verschiebungen.

Der Wunsch nach deutscher Einheit

Nationalismus war damals noch ein sehr junges Phänomen, das im Wesentlichen erst aufgekommen war, als man begonnen hatte, die Souveränität der Fürsten in Frage zu stellen. Bis dahin hatte sich ein Volk vom anderen vor allem dadurch abgegrenzt, dass es einem anderen Fürsten unterstand. Wenn aber der Monarch als einigende Klammer wegfiel, brauchte es neue Gemeinsamkeiten. Man fand diese in Sprache und Kultur und konstruierte daraus eine Bluts- oder Herkunftsgemeinschaft mit einem „natürlichen" Zusammengehörigkeitsgefühl.

Das neue Nationalgefühl

In Deutschland erlebte dieses Gemeinschaftsgefühl durch die Kriege gegen Napoleon einen gewaltigen Aufschwung. Außer den regulären Heeren nahmen auch viele Freikorps teil, die sich aus ungeschulten Kriegsfreiwilligen zusammensetzten. Die Freikorps spielten zwar militärisch keine große Rolle, prägten aber die Biografie des Einzelnen, der „für die Freiheit des Vaterlandes mitgekämpft" hatte.

Dieses „Mitkämpfen" erzeugte nach dem Krieg auch das Gefühl, ein Recht zu haben, mitreden zu dürfen, wenn es um die Zukunft Deutschlands ging. Da man den Erfolg Napoleons auch als den Erfolg einer geeinten französischen Nation gesehen hatte, kam bei vielen Deutschen der Wunsch nach einer deutschen Einigung auf.

Schwarz-Rot-Gold

Das berühmteste Freikorps aus den Kriegen gegen Napoleon wurde von dem preußischem Offizier Adolf von Lützow geführt. Es bestand aus etwa 3 000 Studenten, die versuchten, die Nachschubwege des französischen Heeres zu zerstören. Nach dem Krieg kreierte die Burschenschaft von Jena aus den Farben der Lützow'schen Jäger – schwarz eingefärbte Kleidung, rote Aufschläge, goldfarbene Knöpfe – eine schwarz-rot-golden gestreifte Fahne, die 1817 auf dem Wartburgfest das erste Mal öffentlich gezeigt und in der Folge zum Symbol der deutschen Demokratiebewegung wurde.

Ein loser Bund ersetzt das Kaiserreich

Die deutschen Fürsten konnten sich auf dem Wiener Kongress jedoch nicht auf einen Nationalstaat einigen und ersetzten das römisch-deutsche Kaiserreich durch den Deutschen Bund, ein loses Bündnis aus den 38 deutschen Territorien, die nach den Auflösungen der kleinen und geistlichen Reichsstände während der Napoleonzeit noch übrig gebleiben waren. Dieser Bund wurde von der Rivalität der beiden Großmächte Preußen und Österreich dominiert. Außenpolitisch blieb er wirkungslos, innenpolitisch kam es selten zu Einigungen. Der Wunsch nach politischen Veränderungen beim Volk war zwar stark, erfasste jedoch keineswegs die ganze deutsche Bevölkerung. Viele lebten als abgesicherte Beamte in den deutschen Kleinstaaten ein sehr behagliches und idyllisches „Biedermeier"-Leben und zogen sich ins Privatleben zurück. In der Kunst herrschte das Zeitalter der Romantik, die eher nach tiefen Empfindungen als nach konkreten Taten fragte. Die Armen dagegen bekamen die ersten Auswirkungen der Industriellen Revolution zu spüren und konnten meist nur überleben, wenn auch ihre Kinder mitarbeiteten – entweder noch in Heimarbeit oder schon in Fabriken. Während Österreich durch den Vorsitz im deutschen Bund Politisch noch immer seine Vormachtstellung gesichert hatte, entwickelte sich Preußen wirtschaftlich zur führenden Macht. Durch die Gründung des Deutschen Zollvereins 1834 band man die anderen norddeutschen Staaten noch enger an sich.

Die Industrielle Revolution

Im Jahr 1769 wurde in Großbritannien die erste von James Watt verbesserte Dampfmaschine in Betrieb genommen. Eigentlich hatte er sie konstruiert, um damit Bergwerke auszupumpen. Doch es zeigte sich sehr schnell, dass er einen brauchbaren Antrieb für eine Vielzahl von Maschinen geschaffen hatte, unter anderem für mechanische Webstühle und Spinnmaschinen, die bis zu 1 000 Spindeln gleichzeitig bedienen konnten. Anfang des 19. Jahrhunderts waren in Großbritannien Zehntausende solcher Maschinen im Einsatz und revolutionierten so die Tuchproduktion. Um die Maschinen zu bedienen, waren nur wenige ungelernte Arbeiter nötig. Diese standen massenhaft zur Verfügung, sodass Löhne fast beliebig gedrückt und Arbeitszeiten heraufgesetzt werden konnten. Zahlreiche Kleinunternehmer gingen pleite, weil sie sich die teuren Maschinen nicht leisten konnten.

Das britische Tuch wurde ins restliche Europa exportiert, wo die Fabrikanten noch im herkömmlichen Verlagssystem arbeiteten, das heißt, sie stellten das Material Arbeitern zur Verfügung, die dafür in Heimarbeit die geforderten Waren produzierten. Um mit dem billigeren britischen Tuch mithalten zu können, drückten die Verleger wiederum die Löhne ihrer Arbeiter, sodass auch Familien, in denen alle Mitglieder bis zur absoluten Grenze ihrer Leistungsfähigkeit arbeiteten, kaum das Überlebensnotwendige verdienten. Dies führte zu Aufständen wie jenem der Schlesischen Weber im Jahr

1844. Auch bei der Revolution von 1848 spielte die soziale Frage eine bedeutende, oft übersehene Rolle. Es entstanden Arbeiterkomitees, aus denen die ersten Arbeitervereine hervorgingen. Ab 1850 begann jedoch auch in Preußen und ab 1871 im gesamten deutschen Reich eine rasante Industrialisierung. Vor allem an Rhein und Ruhr, in Oberschlesien und Berlin schossen die Fabriken aus dem Boden. Die 5 Milliarden Francs Kriegsreparationen, die Frankreich 1871 zu zahlen hatte, heizten den Boom der „Gründerjahre" zusätzlich an. Kleinbauern, Tagelöhner, arbeitslos gewordene Handwerksgesellen und ehemalige Heimarbeiter strömten in die neuen Industriezentren. Das Problem der ländlichen Massenarbeitslosigkeit war damit allerdings nicht behoben, es verlagerte sich lediglich in die Städte, wo nun das neu entstandene Industrieproletariat große Not litt.

Der wirtschaftliche Erfolg entschärfte das Problem jedoch innerhalb einer Generation. Bis zum Ersten Weltkrieg hatte Deutschland England und Frankreich überholt und war zweitstärkste Wirtschaftsmacht hinter den USA. Die wichtigsten Branchen waren die Schwerindustrie sowie Chemie und Elektrotechnik, wo man dank vieler Erfindungen und Innovationen Weltspitze war. Zusammen mit dem Erstarken der Gewerkschaften und den Bismarck'schen Sozialreformen führte dies dazu, dass spätestens ab der Wende vom 19. zum 20. Jahrhundert auch die „kleinen Leute" in abgesicherten erträglichen Verhältnissen lebten und sich eine gewisse Freizeitkultur leisten konnten.

Die Revolution von 1848

Im März 1848 entluden sich die sozialen Probleme in zahlreichen Aufständen und Unruhen. In Berlin und Wien flohen die Machthaber nach heftigen Straßenkämpfen. Bereits am 20. März beschloss der Deutsche Bund, eine verfassungsgebende Nationalversammlung einzuberufen und forderte seine Mitglieder auf, Abgeordnete wählen zu lassen. Diese sollten dann eine für Fürsten und Volk akzeptable Verfassung für ein geeintes Deutschland ausarbeiten. Die Nationalversammlung trat am 18. Mai in der Frankfurter Paulskirche zusammen, doch das hauptsächlich aus Akademikern bestehende „Paulskirchenparlament" tagte zu lange. Als es im März 1849 seinen Verfassungsvorschlag vorlegte, hatten die deutschen Fürsten das Heft wieder in der Hand. Die Gründung eines demokratischen deutschen Staates mit konstitutioneller Monarchie scheiterte vor allem an dem Veto von Bayern, Hannover und Preußen.

Otto von Bismarck

In der Folgezeit gab es einige Reformen, die jedoch nicht vom Volk erkämpft, sondern lediglich von den Fürsten gewährt wurden. Manche Länder wie Baden bekamen eine relativ liberale Verfassung, in anderen wie Preußen waren Bürgerrechte und politische Partizipation kaum verankert. Das berüchtigte Dreiklassenwahlrecht sorgte dafür, dass nur die Stimmen der Reichsten wirklich zählten.

Eine Einigung „von oben"

Auch die deutsche Einigung kam schließlich „von oben".
Otto von Bismarck, der ab 1862 als Ministerpräsident die
preußische Politik bestimmte, war überzeugt, dass es zur Sicherung von Preußens Machtstellung unerlässlich sei, einen
geeinten deutschen Staat ohne Österreich zu gründen. Mit
einem Krieg gegen Dänemark nahm Bismarck 1864 die außenpolitischen Fäden im Deutschen Bund in die Hand. Danach entmachtete er Österreich und brach schließlich einen
Krieg gegen Frankreich vom Zaun, um den französischen
Kaiser Napoleon III. zu zwingen, ein geeintes Deutschland
nicht zu akzeptieren. Dabei schürte Bismarck den Nationalismus der Massen, obwohl er sich selbst nicht als deutschen, sondern nur als preußischen Patrioten verstand.

Das wilhelminische Deutschland

Kaiser Wilhelm I. war zwar der Repräsentant des 1871 gegründeten deutschen Kaiserreichs, die Politik aber bestimmte allein Bismarck. Innenpolitisch konnte er sich allerdings
nicht immer durchsetzen und musste Konflikte mit den
Katholiken und Sozialdemokraten, die er vom Zaun gebro-
chen hatte, später beilegen. Außenpolitisch sicherte er die
Stellung Deutschlands durch ein schwer durchschaubares
System von Bündnissen und erwarb sich den Ruf eines „ehr-
lichen Maklers", der selbst keine Ansprüche hat und deshalb als Vermittler in anderen Konflikten auftreten kann.
Auf diese Weise entschärfte er vor allem Streitigkeiten zwi-

schen seinen beiden Bündnispartnern Russland und Österreich. 1890 wurde er jedoch von Wilhelms Enkel Wilhelm II. entlassen. Der junge Kaiser, der Bismarcks außenpolitisches Konzept nicht verstanden hatte und selbst diplomatisch auf der ganzen Linie versagte, eckte daraufhin mit heftigem Säbelgerassel und kurzsichtigen Aktionen bei allen europäischen Großmächten an. Gleichzeitig schürte er Nationalismus und Großmachtsfantasien in seinem eigenen Volk.

Der Ausbruch des Ersten Weltkriegs

Als am 28. Juni 1914 der österreichische Thronfolger Franz Ferdinand in Sarajewo erschossen wurde, drängte die deutsche Regierung Österreich zu einem militärischen Vorgehen gegen Serbien, wo man die Hintermänner des Attentats vermutete. Nun bestand das Risiko, dass Russland, das mit Serbien verbündet war, und Frankreich, ein Verbündeter Russlands, in den Konflikt eingreifen würden und somit ein Weltkrieg ausbrechen könnte. Doch dieses Risiko nahm man in Kauf, denn im Gegensatz zu Frankreich und Russland hatte Deutschland seine militärischen Möglichkeiten bereits ausgereizt und wollte einen Krieg lieber gleich führen als einige Jahre später unter ungünstigeren Bedingungen.

Doch die Pläne, die auf eine schnelle Entscheidung abzielten, gingen nicht auf und es kam zum vierjährigen Ersten Weltkrieg, auf den man so wenig vorbereitet gewesen war, dass man nicht einmal über ausreichende Winterkleidung für die Soldaten verfügte.

Die Außenpolitik unter Kaiser Wilhelm II.

Außenpolitik in der zweiten Hälfte des 19. Jahrhunderts war eine heikle Sache. Alle Großmächte pflegten in der Öffentlichkeit einen aggressiven Nationalismus, hatten jedoch in Wahrheit große Angst voreinander. Vor allem fürchtete man ein Kippen des bisherigen Gleichgewichts. So führten England und Frankreich von 1853 bis 1856 den extrem verlustreichen Krimkrieg gegen Russland, um Russland daran zu hindern, das Osmanische Reich zu zerschlagen und so die Kontrolle über den Balkan zu bekommen.

Bismarck hatte dagegen ein gutes Verhältnis zu den anderen Großmächten (außer Frankreich) für wesentlich wichtiger gehalten als die Kontrolle über ausländische Territorien. Doch diese „Verzichtspolitik" war in großen Teilen der Öffentlichkeit sehr schlecht angekommen. Als Wilhelm II. dann den Thron bestieg, agierten die übrigen Großmächte meist zurückhaltender und stellten den Interessenausgleich und mögliche Bündnisse über territoriale Zugewinne.

Wilhelm II. vertraute jedoch darauf, dass sich Russland, Frankreich und Großbritannien aufgrund „natürlicher Gegensätze" oder „unüberbrückbarer Konflikte" nie miteinander verbünden würden und er deswegen keinerlei Zugeständnisse machen müsste. 1890 lehnte er daher die Verlängerung des Rückversicherungsvertrags schroff ab. Daraufhin suchte Russland die Annäherung an Frankreich und schloss sich mit diesem 1894 zum Zweiverband zusammen. 1904 steckten England und Frankreich ihre kolonialen

Interessensgebiete in der „Entente Cordiale" („Herzliches Einverständnis") ab. Wilhelm II. und ein Großteil seines Volkes fühlten sich daraufhin von übel wollenden Feinden „eingekreist". Tatsächlich führte das aggressive und arrogante Auftreten des Kaisers dazu, dass sich die anderen Mächte gegen ihn verbündeten. Dabei führte das Deutsche Reich im Gegensatz zu Russland, Frankreich und England bis 1914 keinen Krieg. Sein Militärbudget war ähnlich hoch wie das von Russland und Frankreich, jedoch wesentlich geringer als das von Großbritannien.

Das Ziel Wilhelms II., das Reich als wichtige politische Größe unter den bestehenden Weltmächten zu etablieren, zeigte sich auch in seiner Vorliebe für militärischen Prunk und Paraden. Der allgemein vorherrschende Militarismus führte auch gesellschaftlich zu einer Überbetonung des Militärs, in der die Ableistung des Militärdienstes für die berufliche Laufbahn von entscheidender Bedeutung war. Wilhelms II. kompromisslose, undiplomatische und von keiner klaren Linie geprägte Politik führte dazu, dass letztlich Österreich als einziger Verbündeter blieb. Doch Österreich fürchtete, dass der slawische Nationalismus in Serbien auch die slawischen Gebiete des Habsburgerreichs erfassen würde. Hinter Serbien stand jedoch Russland stand, das einen Einfluss auf dem Balkan ebenfalls für „lebensnotwendig" für seine Politik hielt, da es einen Zugang zum Mittelmeer haben wollte. So drohte jeder Konflikt auf dem Balkan in einen Krieg der Großmächte zu eskalieren.

1815 (9. Juni) Neun Tage vor der endgültigen Niederlage Napoleons bei Waterloo wird der Wiener Kongress beendet, der seit September 1814 getagt hat. Einer der großen Gewinner ist Preußen, das mit Gebietszuwächsen im Rheinland zur dominierenden Macht Norddeutschlands wird. Das aufgelöste Kaiserreich wird durch den neu gegründeten Deutschen Bund ersetzt.

1816 Nach einer katastrophalen Missernte kommt es zu ersten Massenauswanderungen in die USA. Bis 1870 verlassen über 2,5 Millionen Deutsche das Land.

1817 (18. Oktober) Vier Jahre nach der Völkerschlacht bei Leipzig kommen auf Einladung der Jenaer Burschenschaft rund 500 Studenten und Professoren auf die Wartburg und demonstrieren für einen deutschen Nationalstaat und eine liberale Verfassung. Dabei werden als reaktionär empfundene Schriften, aber auch der Code Napoléon, ein Perückenzopf, ein Offiziersstock und ein Schnürleib verbrannt.

1818 In Jena schließen sich die Burschenschaften zur „Allgemeinen Deutschen Burschenschaft" zusammen. Ihr Vorgänger, die Urburschenschaft, ist 1815 ebenfalls in Jena gegründet worden. Sie stellt einen Gegenentwurf zu den traditionellen, nach Herkunft organisierten Studentenverbindungen dar.

1819 Der in russischen Diensten stehende Dichter August von Kotzebue wird von einem Burschenschaftler ermordet. Daraufhin setzt Klemens von Metternich im Bundestag die Karlsbader Beschlüsse durch. Sie verbieten die Burschenschaften, führen eine Zensur für Zeitungen, Broschüren und Flugblätter ein und beschließen eine strenge Überwachung der Universitäten und ihres Personals. Gegen Einzelstaaten, die im Inneren zu liberal agieren, soll der Bund vorgehen. Die Maßnahmen sind zuvor auf einer Konferenz der zehn größten Bundesstaaten in Karlsbad ausgearbeitet worden.

1832 (27. bis 30. Mai) Rund 30 000 Menschen folgen dem Aufruf des „Deutschen Press- und Vaterlandsvereins" zu einem Volksfest rund ums Hambacher Schloss in der Pfalz. Die Redner fordern Versammlungs-, Presse- und Meinungsfreiheit, Volkssouveränität und die nationale Einheit. Einige Teilnehmer rufen auch zur Revolution auf, finden jedoch keine Mehrheit. In der Folge werden Zensur und Repressionen noch einmal verstärkt. Die meisten Initiatoren des Festes müssen fliehen oder werden verhaftet.

1834 Preußen, Bayern, Sachsen, Württemberg, Hessen-Darmstadt, Hessen-Kassel und Thüringen schließen sich zu einem Zollverein zusammen, dem nach und nach fast alle deutschen Staaten – nicht jedoch Österreich –

beitreten. Damit wird ein einheitliches Zoll- und Wirtschaftsgebiet innerhalb des Deutschen Bundes geschaffen, das von Preußen dominiert wird.

1835 (7. Dezember) Zwischen Nürnberg und Fürth wird die erste deutsche Eisenbahnlinie in Betrieb genommen. Die Entwicklung des Bahnnetzes wird jedoch lange Zeit durch die Kleinstaaterei behindert. Erst nach der Reichsgründung wird die Bahn zum Motor der Industrialisierung. Dies ist auch einer gezielten Förderung durch Bismarck zu verdanken.

1837 Sieben Göttinger Professoren, darunter die Gebrüder Grimm, protestieren gegen die Aufhebung der Verfassung in Hannover und werden deshalb entlassen. In der Öffentlichkeit findet der Mut der „Göttinger Sieben" große positive Resonanz.

1839 In Preußen wird die Fabrikarbeit für Kinder unter zehn Jahren verboten und für zehn- bis sechzehnjährige auf zehn Stunden täglich beschränkt. Sonntags- und Nachtarbeit wird für Kinder verboten.

1840 Frankreich wird von den übrigen europäischen Großmächten daran gehindert, zusammen mit Ägypten das türkische Reich zu zerstören. Daraufhin kommt es zu einer nationalistischen Empörung im französischen

Volk. Die Forderung von Außenminister Adolphe Thiers, die Verträge von 1815 müssten revidiert und der Rhein zur französischen Grenze gemacht werden, sorgt wiederum für ein Aufbrodeln der antifranzösischen Stimmung in Deutschland. Unter anderem entsteht das Lied „Die Wacht am Rhein".

1842 (4. September) Der preußische König Friedrich Wilhelm IV. legt den Grundstein für den Weiterbau des Kölner Doms. Das Projekt, das 1880 abgeschlossen wird, wird von einer Gruppe romantischer Akademiker um Joseph Görres angestoßen, die die Vollendung des Doms zum nationalen Prestigeprojekt erklärt.

1844 Im schlesischen Peterswaldau revoltieren 3 000 Weber gegen ihre Arbeitsbedingungen. Der Aufstand wird schließlich vom preußischen Militär blutig niedergeschlagen. Im Gegensatz zu ähnlichen früheren Aufständen stößt er aber auf großes Interesse bei der deutschen Öffentlichkeit. Unter anderem Heinrich Heine („Weberlied") und Gerhart Hauptmann (Drama „Die Weber") verewigen ihn literarisch.

1848 Im Februar erscheint in London das „Kommunistische Manifest" von Karl Marx und Friedrich Engels, doch findet es zunächst kaum Beachtung. Viel entscheidender sind die Ereignisse in Frankreich, wo am 24.

Februar der „Bürgerkönig" Louis-Philippe von Orleans gestürzt und die Republik ausgerufen wird. Einige Tage später kommt es auch in mehreren deutschen Staaten zu Volksversammlungen, die bürgerliche Rechte und Freiheiten fordern. In Karlsruhe besetzen Aufständische am 1. März das Ständehaus. Daraufhin breiten sich die Unruhen und Straßenkämpfe in ganz Deutschland aus. Die Fürsten geben schnell nach und berufen eine Nationalversammlung ein, deren gut 800 Abgeordnete am 18. Mai in der Frankfurter Paulskirche zusammentreten, um eine liberale Verfassung für ein geeintes Deutschland auszuarbeiten.

1849 Am 28. März 1849 legt die Nationalversammlung die künftige deutsche Verfassung vor. Die Gesetzgebung soll von nun an in den Händen des Reichstags liegen, der aus zwei Kammern besteht: einem „Volkshaus" mit demokratisch gewählten Abgeordneten und einem „Staatenhaus" mit Vertretern der Bundesländer. Regent soll Friedrich Wilhelm IV. von Preußen als deutscher Kaiser werden. Außerdem enthält die Verfassung liberale Menschen- und Bürgerrechte. 31 der deutschen Staaten sind bereit, die Verfassung anzunehmen, der Rest weigert sich. Auch Friedrich Wilhelm IV. weist am 28. April die angebotene Kaiserkrone zurück, da sie aus „Dreck und Letten geknetet" sei. „Maiaufstände", die die Regierungen zur Annahme der Verfassung zwingen sollen, werden blutig unterdrückt. Rund 100 Abgeordnete verweigern die Auflösung der Nationalversammlung und ziehen nach Stuttgart um. Doch diesem „Rumpfparlament" bereitet die württembergische Regierung am 18. Juni ein Ende. In der Folge geben die Fürsten ihren Staaten Verfassungen „von oben". Preußen, Hannover und Sachsen beschließen im sogenannten Dreikönigsbündnis, eine Union aller deutschen Staaten ohne Österreich zu gründen. Dies scheitert jedoch und 1851 wird der Deutsche Bund vorerst wiederhergestellt.

1859 – 1866 Preußischer Verfassungskonflikt: Die Abgeordneten des preußischen Landtags verweigern König Wilhelm I. das Budget für eine Heeresreform. Mehrere Neuwahlen machen die Liberalen, die sich 1861 zur ersten politischen Partei in Deutschland (Deutsche Fortschrittspartei) zusammenschließen, nur noch stärker. Wilhelm I. setzt Otto von Bismarck als neuen Ministerpräsidenten ein, der vier Jahre lang gegen das Parlament regiert.

Otto von Bismarck

Der „Eiserne Kanzler" wurde 1815 in der Nähe von Stendal geboren, wuchs aber in Pommern auf. Er studierte Jura und Landwirtschaft und übernahm 1839 die Bewirtschaftung der elterlichen Güter. Zehn Jahre später wurde er konservativer Landtagsabgeordneter. 1851 machte ihn der preußische König erst zum preußischen Gesandten beim deutschen Bundestag in Frankfurt, dann zum Botschafter in Russland und Frankreich. Von dort holte er Bismarck 1862 zur Lösung des preußischen Verfassungskonflikts zurück. Danach bestimmte Bismarck als Ministerpräsident zunächst die preußische, ab 1871 dann die deutsche Politik. In diesem Amt musste er sich oft auch gegen seinen König durchsetzen. Zwar hatte Wilhelm I. die gleichen Ziele wie Bismarck – die Sicherung von Preußens Machtstellung und Monarchie –, war aber lange nicht so weitblickend, diplomatisch und undogmatisch wie sein Kanzler.

1863   Der Rechtsanwalt Ferdinand Lassalle gründet in Leipzig den „Allgemeinen Deutschen Arbeiterverein" (ADAV), die erste Arbeiterpartei in Deutschland.

1864   Eine neue dänische Verfassung, die den Sonderstatus des halb dänischen, halb deutschen Schleswig-Holsteins missachtet, führt in Deutschland zu nationaler Empörung. Bismarck sorgt nach Inkrafttreten der Verfassung dafür, dass der Deutsche Bund zunächst scheinbar eine diplomatische Lösung sucht, um keinen Konflikt mit den übrigen Großmächten zu riskieren. Dann stellt er Dänemark jedoch ein 48-Stunden-Ultimatum und beginnt danach einen Krieg, der schnell zur Eroberung Schleswig-Holsteins führt.

1865 In Leipzig wird auf der „Ersten Deutschen Frauenkonferenz" der „Allgemeine Deutsche Frauenverein" gegründet. Hauptforderung ist das Wahlrecht für Frauen.

1866 Bismarck nutzt einen Streit um die Verwaltung von Schleswig und Holstein, um den Ausschluss Österreichs aus dem Deutschen Bund wegen Vertragsverletzung zu beantragen. Als Österreich und Bayern daraufhin das Bundesheer mobilisieren, erklärt er den Austritt Preußens aus dem Deutschen Bund und beginnt einen Krieg gegen Österreich und seine Verbündeten. Dieser ist in der Öffentlichkeit zwar extrem unpopulär, wird aber in nur zwei Wochen in der Schlacht von Königsgrätz/Sadowa praktisch entschieden. Österreich muss sich daraufhin aus der Bundespolitik zurückziehen. Preußen annektiert die Territorien der meisten norddeutschen Verbündeten Österreichs und schließt sich mit seinen eigenen Verbündeten zum Norddeutschen Bund zusammen. Daneben vereinbart Bismarck geheime Beistandsabkommen mit den süddeutschen Staaten.

1870 Der französische Kaiser Napoleon III. hat gehofft, während des preußisch-österreichischen Kriegs als Vermittler Kompensationen herausschlagen zu können. Seine Enttäuschung darüber, dass Frankreich von dem Konflikt nicht profitieren kann, sondern im Gegenteil nun ein geeintes Deutschland fürchten muss, ist so stark, dass das Schlagwort „Rache für Sadowa (Königsgrätz)" die Runde macht. Bismarck sucht deshalb nach einer Gelegenheit, einen Krieg gegen Frankreich zu beginnen, bei dem er nun auf jeden Fall die süddeutschen Staaten auf seiner Seite hat. 1870 fördert er deshalb die Kandidatur eines deutschen Prinzen für den frei gewordenen spanischen Thron – in der Gewissheit, dass Frankreich dies nie dulden würde. Der freiwillige Verzicht des Prinzen droht zunächst, Bismarcks Pläne zu durchkreuzen. Doch Napoleon III. schickt seinen Botschafter zu Kaiser Wilhelm I. nach Bad Ems und fordert von ihm, definitiv jede weitere Kandidatur zu verhindern. Bismarck veröffentlicht einen verkürzten, leicht entstellten Bericht des Königs über diesen Vorfall, die sogenannte „Emser Depesche". Frankreich fühlt sich dadurch so bloßgestellt, dass es Deutschland den Krieg erklärt. Nach anderthalb Monaten wird Napoleon III. in der Schlacht von Sedan am 2. September besiegt.

1871 Anfang des Jahres nehmen die Deutschen Paris ein und Bismarck setzt die lang vorbereitete Reichsgründung sofort um. Am 18. Januar wird der preußische König Wilhelm I. im Spiegelsaal des Versailler Schlosses zum deutschen Kaiser ausgerufen. Am 10. Mai kommt es im Frankfurter Hotel „Zum Schwan" zum endgültigen Friedensschluss mit Frankreich. Als Folge muss Frankreich Elsass-Lothringen an Deutschland abtreten.

Im Sommer beginnt Bismarck den sogenannten Kulturkampf gegen den deutschen Katholizismus. Hintergrund sind die Erklärung der päpstlichen Unfehlbarkeit und die Verdammung aller politischen und philosophischen Ideen des 19. Jahrhunderts durch Papst Pius IX. In der Folge sperrt Bismarck der katholischen Kirche staatliche Zuschüsse, löst Orden auf, verbannt Ordensangehörige von den Schulen und lässt unbotmäßige Pfarrer und Bischöfe verhaften oder ausweisen. 1878 gibt er den Kulturkampf jedoch auf, weil er politisch auf die stärker gewordene katholische Zentrumspartei angewiesen ist.

1872 Bismarck schließt mit Russland und Österreich-Ungarn das Dreikaiserabkommen, in dem sich die drei Mächte verpflichten, ihre Außenpolitik aufeinander abzustimmen. Sein Ziel ist die Isolation Frankreichs, dessen Rachegelüste er fürchtet.

1878 Als Ergebnis des russisch-türkischen Kriegs erhalten Rumänien, Bulgarien, Serbien und Montenegro ihre Unabhängigkeit. Die europäischen Großmächte legen jedoch gegen den Friedensschluss Protest ein, da sie einen zu großen russischen Einfluss auf dem Balkan befürchten. Bismarck organisiert in Berlin einen Kongress, auf dem er als „ehrlicher Makler" eine neue Lösung aushandelt, bei der Teile Bulgariens und Makedonien an die Türkei zurückgegeben werden und auch Österreich (Bosnien

und Herzegowina) und England (Zypern) neue Macht-
basen in Südosteuropa bekommen. Russland fühlt sich
übervorteilt, in der Folge wird das Dreikaiserbündnis erheblich belastet.

In der Wirtschaftspolitik reagiert Bismarck auf eine seit
fünf Jahren bestehende Krise, indem er einen neuen
Zolltarif annimmt und so zur Schutzzollpolitik übergeht.
Außerdem nutzt er zwei Attentate auf Kaiser Wilhelm I.
als Vorwand, um die Sozialistengesetze zu erlassen, die
es ihm erlauben, sozialistische oder sozialdemokratische
Vereine, Versammlungen und Veröffentlichungen zu
verbieten und Arbeiterführer auszuweisen oder zu in-
haftieren.

Die Sozialdemokratie

1869 gründeten August Bebel und Wilhelm Liebknecht in
Eisenach die Sozialdemokratische Arbeiterpartei (SDAP).
Liebknecht hatte im englischen Exil Karl Marx kennen
gelernt und war von ihm stark beeinflusst worden, sodass
die SDAP deutlich marxistischer war als Lassalles Allgemeiner Deutscher Arbeiterverein (ADAV). Aber auch die SDAP
bekannte sich zur Demokratie und lehnte den bewaffne-
ten Klassenkampf ab. 1875 vereinigten sich SDAP und
ADAV zur Sozialistischen Arbeiterpartei Deutschlands,
die sich 1890 in Sozialdemokratische Partei Deutschlands
(SPD) umbenannte. In dieser Zeit wuchs ihre Anhänger-

schaft von 0,4 auf 1,4 Millionen Menschen. Außerdem wurden die Gewerkschaften immer stärker und es entstanden sozialdemokratische Einrichtungen wie Kindergärten, Sport-, Spar- und Bauvereine.

1879 Bismarck schließt mit Österreich-Ungarn ein geheimes Abkommen (Zweibund), in dem sich beide bei einem etwaigen russischen Angriff zu gegenseitiger Hilfe verpflichten.

1881 Um der Arbeiterbewegung das Wasser abzugraben, verkündet Bismarck ein sozialpolitisches Programm. Innerhalb der nächsten zehn Jahre führt er eine Krankenversicherung, eine Unfallversicherung und eine Alters- und Invaliditätsversicherung ein. Damit bekommen Bedürftige erstmals einen Rechtsanspruch auf staatliche Hilfe. Bismarcks Sozialgesetze werden zum Vorbild für ähnliche Systeme im Ausland.

1884 Genötigt vom Druck der Öffentlichkeit erklärt Bismarck von deutschen Kaufleuten erworbene Territorien in Afrika zu „Schutzgebieten".

1887 Bismarck schließt mit Russland den geheimen Rückversicherungsvertrag. Darin verpflichten sich die beiden Mächte zu Neutralität, falls die andere Seite von Frankreich oder Österreich unprovoziert angegriffen wird.

1888   Dreikaiserjahr: Am 9. März stirbt Kaiser Wilhelm I. Ihm folgt sein Sohn Friedrich III., der am 15. Juni seinem Krebsleiden erliegt. Neuer Kaiser wird sein Sohn Wilhelm II.

1890   Kaiser Wilhelm II. entlässt Bismarck, um ein „persönliches Regiment" zu führen.

1904 – 1908   In Deutsch-Südwestafrika erhebt sich das Volk der Herero, das durch die Kolonialpolitik seine Lebensgrundlage, die Rinderzucht, zu verlieren droht. Die deutsche Regierung ist anfangs darauf nicht vorbereitet, schlägt dann aber unter Generalleutnant Lothar von Trotha so grausam zurück, dass es zu breiten Protesten in der deutschen Öffentlichkeit kommt. Außerdem zieht Trothas Brutalität einen Aufstand des Volkes der Nama nach sich. Insgesamt kommen Zehntausende von Afrikanern um. Unabhängig davon kommt es 1905 auch in Deutsch-Ostafrika zu einem Aufstand, dessen Niederschlagung geräuschloser, aber ähnlich blutig verläuft.

1905   Nachdem England und Frankreich ihre kolonialen Interessen abgesteckt haben, versucht Frankreich stärkeren Einfluss auf Marokko zu nehmen. Dies veranlasst Wilhelm II. zu einem demonstrativen Besuch in Tanger, wo er dem Sultan seine Unterstützung zusagt. Auf der nachfolgenden Konferenz in Algeciras 1906 bestätigen die anderen Großmächte zwar Marokkos Unabhängigkeit, erlauben Frankreich aber doch eine weitreichende Einflussnahme. Die Konferenz zeigt, wie isoliert Deutschland ist.

1911 Als französische Truppen marokkanische Städte besetzen, sendet Wilhelm II. das Kanonenboot „Panther" nach Marokko. Wochenlang sieht alles nach Krieg aus, dann aber macht der Kaiser einen Rückzieher. Deutschland erkennt gegen ein relativ wertloses Stück Land in Afrika (Neukamerun) Frankreichs Inbesitznahme von Marokko an.

1912 – 1913 Die Balkanstaaten greifen das durch innere Revolutionen geschwächte Osmanische Reich an und erobern den noch türkischen Teil des Balkans. Die Großmächte organisieren daraufhin eine Konferenz in London, um ihre Interessen zu wahren. Vor allem möchte Österreich eine Stärkung Serbiens verhindern und droht, dies auch militärisch durchzusetzen. Auf Druck des Deutschen Reichs, das sich damals noch nicht für einen Krieg mit Russland gerüstet fühlt, gibt sich Österreich aber letztlich mit der Gründung Albaniens zufrieden. Diese verhindert, dass Serbien einen Zugang zur Adria bekommt.

1913 Die deutsche Regierung stellt zwei neue Armeekorps auf, schöpft damit ihre Reserven aber weitgehend aus.

1914   Am 28. Juni wird der österreichische Thronfolger Franz
        Ferdinand in Sarajewo von bosnischen Nationalisten
        erschossen. Österreich macht die serbische Regierung
        dafür verantwortlich, die seit Jahren eine Agitation
        für einen vereinten slawischen Balkanstaat duldet. Zu-
        sammen mit Deutschland wird verabredet, Serbien ein
        bewusst unannehmbares Ultimatum zu stellen und
        danach einen Krieg zu beginnen. Die Veröffentlichung
        des Ultimatums am 23. Juli sorgt international für große
        Aufregung. Während Österreich rüstet und am 28. Juli
        den Krieg beginnt, gibt Deutschland vor, nach Vermitt-
        lungsvorschlägen zu suchen. Als Russland am 30. Juli
        mit der Mobilmachung beginnt, fordert Deutschland
        per Ultimatum dessen sofortige Einstellung. Als di-
        es abgelehnt wird, erklärt Deutschland am 1. August
        Russland und einen Tag später Frankreich den Krieg.
        Öffentlich behauptet Deutschland allerdings, die ande-
        ren Mächte hätten die Feindseligkeiten begonnen. Dies
        führt dazu, dass nahezu das gesamte Volk, das am 28.
        Juli noch in großer Menge für den Frieden demonstriert
        hatte, nun glaubt, das „Vaterland verteidigen" zu müs-
        sen. Scharen von Jugendlichen melden sich freiwillig,
        die SPD bewilligt die Kriegskredite.

        Im Osten erringen die Offiziere Paul von Hindenburg
        und Erich Ludendorff am 30. August bei Tannenberg
        einen entscheidenden Sieg. Im Westen kommt der Vor-

marsch Anfang September an der Marne zum Stehen. Anfang November starben Tausende unerfahrener junger Kriegsfreiwilliger bei Ypern und Langemarck. Auf einer Frontlinie von 700 Kilometern entwickelt sich ein Stellungskrieg im Schützengraben.

Der Schlieffen-Plan

Im Juli 1914 hatte Deutschland nur einen einzigen Kriegsplan zur Verfügung, den Generalfeldmarschall Alfred von Schlieffen bereits 1905 ausgearbeitet hatte. Er sah vor, bei Beginn einer russischen Mobilmachung sofort mit aller Macht über Belgien in Frankreich einzufallen und es auszuschalten, bevor Russland wirklich kriegsbereit war. Dies bedeutete, dass die deutsche Regierung im Juli 1914 gar nicht abwarten konnte, ob Russland nur vorsorglich mobil machte oder wirklich entschlossen war, zugunsten Serbiens in den Krieg einzugreifen. Ob dies der politischen Führung Deutschlands klar war, als sie beschloss, das Attentat von Sarajewo als Testfall für die russisch-französische Kriegsbereitschaft zu benutzen, ist nicht bekannt. Das zweite Manko des Schlieffen-Plans war die Verletzung der belgischen Neutralität, die den sofortigen Kriegseintritt Großbritanniens zur Folge hatte. Drittens funktionierte auch die Umsetzung nicht: Weder konnte Frankreich so schnell besiegt werden wie vorgesehen, noch brauchte Russland die veranschlagte Zeit, um mobil zu sein – dies ging wesentlich schneller, als erwartet.

| 1880 | 1890 | 1900 | 1910 | 1920 | 1930 |

1915 Während im Westen gegen Frankreich der Grabenkrieg weitergeht, kommt im September auch im Osten der Vorstoß zum Erliegen. Großbritannien beginnt eine Seeblockade gegen Deutschland, auf die Deutschland mit einem uneingeschränkten U-Boot-Krieg reagiert. Beides verstößt gegen die Haager Konventionen. Die Versenkung der „Lusitania", die viele amerikanische Zivilisten an Bord hat, und der anschließende Protest der USA führen vorübergehend zur Einstellung des U-Boot-Kriegs.

1916 Deutschland versucht im Frühjahr, mit einer Großoffensive gegen die Festung Verdun einen Durchbruch zu erzielen. Sie kostet mindestens 300 000 Soldaten beider Seiten das Leben. Ein Teil der SPD will die Bewilligung der Kriegskredite daraufhin nicht mehr mittragen und spaltet sich als USPD ab. Im August überträgt Kanzler Theobald von Bethmann-Hollweg den Generälen Hindenburg und Ludendorff die Oberste Heeresleitung (OHL). Sie starten ein Rüstungsprogramm, das sich mehr und mehr zur Militärdiktatur auswächst. Firmen, Schulen und Universitäten werden geschlossen, um Arbeiter für die Rüstungsindustrie zu rekrutieren. Daneben werden zur Verstärkung außerdem Frauen und belgische Zwangsarbeiter verpflichtet. Im Winter kommt es zu einer dramatischen Verschlechterung der Versorgungslage (Kohlrübenwinter).

1917   Die deutsche Wiederaufnahme des uneingeschränkten
        U-Boot-Kriegs führt im April zum Kriegseintritt der USA.
        In Deutschland kommt es zu ersten Hungerstreiks. Im
        Sommer drängt der Reichstag auf einen Verhandlungs-
        frieden. Ludendorff zwingt daraufhin den Kaiser, Kanz-
        ler Bethmann-Hollweg zu entlassen. Im Osten löst sich
        unterdessen als Folge der russischen Februarrevolution
        die Front auf. Nach der Oktoberrevolution, bei der die
        Bolschewisten unter Lenin die Macht in Russland er-
        greifen, beginnt Russland Friedensverhandlungen mit
        Deutschland.

1918   Im Frieden von Brest-Litowsk zwingt die Oberste Hee-
        resleitung Lenin, der um jeden Preis den Krieg beenden
        will, auf alle Länder von Estland bis zur Krim zu verzich-
        ten. Außerdem soll er verpflichtet werden, 6 Milliarden
        Goldmark zu zahlen. Deutschland besetzt Polen und
        das Baltikum. Der amerikanische Präsident Woodrow
        Wilson legt unterdessen einen 14-Punkte-Plan für einen
        „Frieden ohne Sieger" vor. Er sieht vor, in strittigen Ge-
        bieten dem Willen der Einwohner zu folgen und auf
        Reparationszahlungen zu verzichten. Im Westen begin-
        nt Ludendorff eine große Offensive, die jedoch schei-
        tert. Am 29. September verlangt er von der deutschen
        Regierung sofortige Waffenstillstandsverhandlungen.

1918 – 2005
Von der Weimarer Republik bis zur ersten Kanzlerin

Nach dem Ersten Weltkrieg verstanden es die Kräfte, die die Katastrophe verursacht hatten, die Verantwortung für die Folgen komplett ihren Gegnern in die Schuhe zu schieben. Auf diese Weise gelang es nicht, die wirtschaftliche Not breiter Volksschichten zu lindern. Dies führte zu einer weiteren Radikalisierung und schließlich zum Aufstieg der Nationalsozialisten, die mit dem Holocaust und dem Zweiten Weltkrieg gleich zwei der schlimmsten Verbrechen der Geschichte begingen.

Nach dem Krieg führte der Konflikt der Siegermächte zu einer Teilung Deutschlands, die erst 1989 wieder überwunden werden konnte. Doch die Globalisierung führt zu neuen Herausforderungen.

Die Novemberrevolution

Am 29. September 1918 forderte Erich Ludendorff, der Chef der deutschen Obersten Heeresleitung (OHL), nicht nur Waffenstillstandsverhandlungen, sondern auch die Bildung einer neuen Regierung. Also wurde ein Kabinett mit dem liberalen Prinzen Max von Baden als neuem Reichskanzler gebildet. Mit der Rückendeckung Paul von Hindenburgs, unterschrieb Matthias Erzberger am 11. November im französischen Compiègne die Kapitulation.

Unterdessen hatte die neue Regierung in Deutschland eine Verfassungsreform verabschiedet. Erklärtes Ziel war ein möglichst geordneter Übergang zu einer demokratischen parlamentarischen Monarchie.

Doch nur einen Tag später erfuhren die Matrosen in Wilhelmshaven, dass die Marineleitung ein Seegefecht gegen die Briten plante. Es kam zu einer Meuterei und schließlich zum Aufstand. Am 4. November 1918 hatten die Revolutionäre Kiel eingenommen und einen Soldatenrat gegründet.

In den nächsten Tagen griff die Revolution auf das ganze Land über. Dies führte dazu, dass Max von Baden am 9. November eigenmächtig die Abdankung des Kaisers verkündete und die Regierungsgewalt an den SPD-Vorsitzenden Friedrich Ebert übergab. Am selben Tag rief Philipp Scheidemann eigenmächtig die Republik aus und kam damit Karl Liebknecht nur knapp zuvor, der wenige Stunden später eine sozialistische Volksrepublik proklamierte.

Die Dolchstoßlegende

In der Folge kam es zu einer erbitterten Auseinandersetzung zwischen den gemäßigten Sozialdemokraten um Ebert und den linksradikalen Kräften, die eine sozialistische Räterepublik erzwingen wollten. Um sich zu behaupten, ging Ebert ein Bündnis mit der Reichswehr ein, die wiederum von rechten Freikorps unterstützt wurde. Diese ermordeten unter anderem die Kommunistenführer Rosa Luxemburg und Karl Liebknecht – eine Tat, die die Kluft zwischen den beiden linken Lagern enorm vertiefte.

Die Räterepublik

Das System der Räterepublik sah vor, in basisnahen Einheiten wie Betrieben, Truppenteilen oder Wohnbezirken Vertretungen (Räte) wählen zu lassen, die dann wiederum einen Zentralrat wählten. Eine Trennung zwischen Regierung, Gesetzgebung und Rechtssprechung gab es dabei ebenso wenig wie eine politische Vertretung der Minderheiten (parlamentarische Opposition), da man in der sozialistischen Theorie davon ausging, dass die Räte den echten und unverfälschten Volkswillen repräsentierten.

Währenddessen strickten die Spitzen der OHL um Ludendorff und Hindenburg an der „Dolchstoßlegende", indem sie behaupteten, das „im Feld unbesiegte Heer" sei nur durch den „Verrat der Heimatfront" zur Kapitulation gezwungen worden.

Die belastete Weimarer Republik

Vor allem Frankreich wollte Deutschland entmachten und setzte harte Friedensbedingungen durch. Doch keine materielle Härte sorgte für so viel Empörung wie der Passus, der Deutschland die alleinige Kriegsschuld zuschob.

> **Der Vertrag von Versailles**
> Deutschland musste sich zu Schadensersatzzahlungen (Reparationsleistungen) verpflichten, deren Höhe noch nicht feststand. Außerdem verlor Deutschland Elsass-Lothringen, einen Großteil der Ostgebiete und alle Kolonien. Das Saar- und Rheinland wurde für 15 Jahre besetzt, das Heer begrenzt, moderne Waffen und Freikorps verboten.

Reichskanzler Philipp Scheidemann und die Deutsche Demokratische Partei (DDP) verließen aus Protest gegen den Versailler Vertrag die Regierung. Doch Deutschland hatte keine Wahl, denn die Alliierten drohten sonst mit Krieg.

Adolf Hitler ergreift die Macht

Unterdessen wurden die Hasskampagnen der Rechten gegen die „Erfüllungspolitiker" immer lauter. Die Weltwirtschaftskrise von 1929 brachte die Situation endgültig zum Kippen. Im Parlament regierten Minderheitsregierungen mit Hilfe von Notverordnungen. Reichspräsident Paul von Hindenburg wusste sich trotz wirtschaftlicher Besserung nicht mehr anders zu helfen, als Adolf Hitler zum Reichskanzler zu ernennen.

Die Machtergreifung der Nationalsozialisten

Obwohl die NSDAP Hitlers Ernennung zum Reichskanzler mit einem bombastischen Fackelzug in Berlin feierte, trat formal eine Koalitionsregierung ihr Amt an. Die konservativen Kräfte waren sogar in der Mehrheit und gingen davon aus, Hitler in ihre Politik einzubinden und neutralisieren zu können. Sie ließen jedoch zu, dass die beiden anderen Nationalsozialisten in der Regierung, Wilhelm Frick und Hermann Göring, ausgerechnet deutscher beziehungsweise preußischer Innenminister wurden und somit die Polizei unter sich hatten. Damit konnten die Nationalsozialisten sicherstellen, dass illegale Aktionen von SA und SS nicht verfolgt wurden. Auf diese Weise hatten sie ein Gewaltmonopol auf der Straße. Auch die Reichswehr erklärte sich bereits am 3. Februar bereit, mit der NDSAP zusammenzuarbeiten, um den Kommunismus und den „Krebsschaden der Demokratie" zu beseitigen.

Den Brand des Reichstags am 27. Februar, vermutlich von einem geistig verwirrten Einzeltäter gelegt, nahm Hitler dann zum Vorwand, mit Hilfe der Stimmen der ebenfalls nationalistischen DNVP die wichtigsten Grundrechte außer Kraft zu setzen. Danach begann eine Verfolgung der politischen Gegner, vor allem der Kommunisten. Sie wurden in den ersten Konzentrationslagern inhaftiert. Parallel dazu begann Heinrich Himmler, die Gestapo aufzubauen.

Am 23. März konnte Hitler dann alle Parteien bis auf die SPD zwingen, ihm per Ermächtigungsgesetz für vier Jahre die alleinige Gesetzgebungskompetenz zu übertragen. Danach bildete er sofort alle Länderparlamente ohne Neuwahlen nach den Mehrheitsverhältnissen im Reichstag um. Im April begann Baldur von Schirach mit dem Aufbau der Hitlerjugend. Am 2. Mai ersetzte Hitler die Gewerkschaften durch die Deutsche Arbeitsfront, der sowohl Arbeiter als auch Unternehmer angehörten. Am 22. Juni ließ er die SPD verbieten, am 14. Juli wurde die NSDAP zur einzigen legitimen Partei.

Der Erfolg der Nationalsozialisten beruhte auch darauf, dass sie meist gar nicht erst versuchten, die bestehenden Organisationen und Behörden zu ändern, sondern Parallelorganisationen aufbauten, die von strammen Parteigängern geleitet wurden und nach und nach alle Kompetenzen übertragen bekamen. So entstanden zum Beispiel ab März 1933 Sondergerichte und im Juli 1934 der Volkgerichtshof, der politisch bedeutsame Prozesse an sich ziehen konnte.

Parallel zur Machtergreifung begann auch Joseph Goebbels seinen Propaganda-Feldzug gegen die erkorenen „Volksfeinde". Am 1. April 1933 inszenierte er den ersten Boykott gegen jüdische Geschäftsleute, kurze Zeit später begann die Entlassung jüdischer Beamter. Am 10. Mai unterstützte er die Bücherverbrennungen der nationalistischen Studentengruppen. Mit der „Niederschlagung" des angeblichen Röhm-Putsches beseitigte Hitler dann 1934 seine parteiinternen Gegner, aber auch solche aus dem konservativen Lager.

Die NS-Zeit

Bereits im Sommer 1933 war Deutschland fest in der Hand der Nationalsozialisten. Hitler schaffte es nicht nur, die rechten Kreise durch seine Ideologie zu begeistern und die Linken durch nackte Gewalt auszuschalten, sondern er verstand es auch, dem Volk das Gefühl zu geben, die wirtschaftlichen Verhältnisse hätten sich gebessert. Zwar verdienten die Arbeiter im Schnitt während der NS-Zeit noch weniger als während der Weimarer Republik, hatten aber sichere Arbeitsplätze und blieben von Steuererhöhungen verschont. Die nötigen Arbeitsplätze entstanden vor allem durch ein gewaltiges Rüstungsprogramm.

Der Zweite Weltkrieg

Als Hitler 1939 dann Polen überfiel, erklärten Frankreich und Großbritannien Deutschland zwar den Krieg, wurden zunächst jedoch kaum aktiv, sodass Deutschland im folgenden Jahr Frankreich besetzen konnte. Hitler hoffte nun, England zum Frieden zwingen zu können, bekam aber mit Premierminister Winston Churchill einen erbitterten Gegner. Obwohl NS-Deutschland 1941 die Luftangriffe auf Großbritannien wegen hoher Verluste einstellen musste, griff Hitler wenig später die Sowjetunion an und erklärte im Winter den USA den Krieg. Spätestens mit der verlorenen Schlacht von Stalingrad war er in der Defensive, befahl aber einen Kampf „bis zum letzten Blutstropfen" und brachte sich schließlich drei Tage vor der Einnahme Berlins um.

Die deutsche Teilung

Nach dem Ende des Zweiten Weltkriegs teilten die vier Siegermächte auf ihren Konferenzen von Jalta und Potsdam Deutschland in vier Sektoren auf. 1948 kam es dann über die Währungsreform zum endgültigen Bruch zwischen den Siegermächten und ein Jahr später zur Gründung von zwei deutschen Staaten. Der Ost-West-Konflikt führte dazu, dass Westdeutschland von den USA nach Kräften gefördert und wiederaufgebaut wurde.

Eine Wiedervereinigung war in weite Ferne gerückt. Trotzdem gab es in Teilen der Bevölkerung großen Protest, als Willy Brandt 1970 eine neue Ostpolitik einleitete und die Existenz eines zweiten deutschen Staates und die deutsche Ostgrenze – anerkannte. Im Gegenzug wurden die Besuchsregelungen für DDR-Bürger vereinfacht und Familien, die durch die Teilung Deutschlands auseinandergerissen worden waren, konnten zusammengeführt werden.

Die Wiedervereinigung

1985 wurde dann Michail Gorbatschow neuer Machthaber der Sowjetunion. Doch während Polen und Ungarn seine Ankündigung, sich nicht mehr in die inneren Angelegenheiten anderer Warschauer-Pakt-Staaten zu mischen, für Reformen nutzten, verschärfte die DDR-Führung ihren Kurs. Im Oktober 1989 wurde der Protest gegen das Regime zur Massenbewegung und am 9. November erzwang eine Menschenmenge die Öffnung der Grenzübergänge in Berlin. Während die meisten Oppositionsführer eigentlich eine Reform der DDR anstrebten, wählten die breiten Massen am 18. März 1990 die Parteien, die für eine Wiedervereinigung eintraten. Diese wurde dann am 3. Oktober 1990 vollzogen.

Streit um Reformen

Die Wiedervereinigung stärkte zunächst die Position von Bundeskanzler Helmut Kohl, der diesen Prozess energisch vorangetrieben hatte. Innenpolitisch begannen jedoch zunehmend die hohe Arbeitslosigkeit und die nötigen Reformen der Sozialsysteme zum Problem zu werden. Die Regierung konnte keine gemeinsame Linie mit der SPD finden, die im Bundesrat die Mehrheit hatte. Bei den Bundestagswahlen 1998 wurde die christlich-liberale Koalition erstmals in der Geschichte der Bundesrepublik durch ein rot-grünes Regierungsbündnis abgelöst, das von Bundeskanzler Gerhard Schröder geführt wurde. Dieser setzte mit der „Agenda 2010" ein sozialpolitisches Reformprogramm durch, das von der Opposition mitgetragen wurde, aber bei der eigenen Anhängerschaft wegen seiner harten Einschnitte im Sozialsystem auf große Kritik stieß. Als immer mehr Landtagswahlen zugunsten der Opposition endeten, führte Gerhard Schröder 2005 vorgezogene Neuwahlen herbei, die seine Partei verlor. Seine Nachfolgerin wurde die CDU-Politikerin Angela Merkel, die eine große Koalition aus CDU/CSU und SPD anführt.

Deutschland nach der Wiedervereinigung

Am Abend des 9. November 1989 öffnen die Berliner Grenz-
beamten unter dem Druck der Massen und verwirrt durch
die Ankündigung des SED-Funktionärs Günter Schabowski,
die geplante Reisefreiheit für DDR-Bürger beginne sofort,
die Grenzübergänge in Berlin. Die Euphorie in Deutschland
war riesengroß, doch es gab sehr schnell auch mahnende
Stimmen, die warnten, die versprochenen „blühenden
Landschaften" würden sich nicht so schnell herstellen lassen. Trotzdem votierte bei den ersten freien Volkskammerwahlen im März 1990 eine große Mehrheit der DDR-Bürger
für die Parteien, die für die Wiedervereinigung eintraten –
im Gegensatz zu vielen führenden Oppositionellen, die sich
eher eine reformierte DDR gewünscht hätten. Ein Schritt zur
Wiedervereinigung war dann die Währungsunion vom 1.
Juli 1990, die jedoch dazu führte, dass DDR-Unternehmen
reihenweise Bankrott gingen, da sie die Löhne plötzlich in
D-Mark auszahlen mussten. Andererseits wäre es ohne die
Währungsunion vermutlich zu einer noch größeren Massen-
abwanderung der DDR-Bürger in den Westen gekommen.
Die verantwortlichen Politiker entschlossen sich deshalb für
eine möglichst schnelle Vereinigung. Diese ließ jedoch die
Staatsverschuldung explodieren. Die Industrie der DDR war
maroder als angenommen und der Markt für Ostprodukte
brach fast völlig zusammen. Die Treuhandgesellschaft, die
die volkseigenen Betriebe privatisieren sollte, machte im-
mense Verluste.

Dazu fiel die Wiedervereinigung noch mit einer Wirtschaftskrise im Westen zusammen. Die Globalisierung führte auch hier zu wachsendem Konkurrenzdruck, vermehrter Arbeitslosigkeit und einer Belastung der Sozialsysteme. Insgesamt stiegen die Arbeitszeiten und der Effizienzdruck seit 1990 enorm, während sich die Löhne eher geringfügig erhöhten. Den Millionen Menschen, denen ihre Arbeitslosigkeit psychische Probleme bereitet, stehen diejenigen gegenüber, die ihre berufliche Überlastung nicht mehr ertragen.

Ein weiteres Problem sind Kranken-, Renten- und Sozialversicherungssysteme, die alle an die Grenzen ihrer Leistungsfähigkeit gekommen sind. Zwar gab es mehrere Reformen, die jedoch keine befriedigende Lösung für eine längere Zeit darstellten. Ein weiteres großes Problem ist die sinkende Geburtenrate. Im Osten kommt eine Abwanderung Richtung Westen hinzu, da auch 17 Jahre nach der Wende Investitionen in Milliardenhöhe noch keine völlige Angleichung der Lebensverhältnisse gebracht haben, vor allem nicht ausreichend Arbeitsplätze.

Außenpolitisch brachte die Wiedervereinigung dem Land seine uneingeschränkte Souveränität zurück, was aber auch zu neuen Verpflichtungen führte. Die deutsche Regierung begann sich schrittweise – unter teilweise großer Kritik aus der Bevölkerung – an militärischen Aktionen zu beteiligen. 1993 reisten Sanitäter im Rahmen einer UN-Mission nach Kambodscha, 1999 führte Deutschland Krieg gegen Restjugoslawien und ab 2001 gegen die Taliban in Afghanistan.

1918   Am 3. Oktober wird Max von Baden Reichskanzler und unterzeichnet ein Ersuchen um sofortige Waffenstillstandsverhandlungen. Am 28. Oktober verabschiedet die neue Regierung eine Verfassungsreform, die eine parlamentarische Monarchie vorsieht. Einen Tag später meutern in Wilhelmshaven Matrosen, die sich damit gegen eine erneute Schlacht gegen Großbritannien auflehnen. Daraus wird ein allgemeiner Aufstand gegen die Regierung und gegen die Monarchie. Am 7. November stürzt Kurt Eisner in München die Monarchie und ruft den „Freistaat" Bayern aus. Zwei Tage später ruft Philipp Scheidemann in Berlin die Republik aus und setzt somit der Monarchie in Deutschland ein Ende. Reichskanzler Max von Baden übergibt die Verantwortung an Friedrich Ebert, der aus jeweils drei SPD- und USPD-Mitgliedern einen „Rat der Volksbeauftragten" bildet, den er vom Berliner Arbeiter- und Soldatenrat legitimieren lässt. Da sich seine Generäle weigern, gegen die Revolutionäre zu kämpfen, bittet Kaiser Wilhelm II. in Holland um politisches Asyl. Am 10. November schließt Ebert ein Bündnis mit der OHL, um die Ordnung im Land wiederherzustellen. Einen Tag später unterschreibt Staatssekretär Matthias Erzberger die deutsche Kapitulation – der Erste Weltkrieg ist nun offiziell beendet. Vom 16. bis 20. Dezember findet in Berlin ein Kongress aller Arbeiter-, Soldaten- und Bauernräte statt, die mit großer Mehrheit für Parlamentswahlen stimmen.

Die Kriegsopfer

Der Erste Weltkrieg hat rund 10 Millionen Menschen das Leben gekostet, davon etwa 1,5 Millionen Zivilisten. Dazu kommen rund 20 Millionen Verwundete, darunter viele dauerhaft schwer Kriegsversehrte. Etwa die Hälfte der toten Zivilisten waren Deutsche, die aufgrund der britischen Seeblockade und der deutschen Militärdiktatur an Hunger und Entbehrung starben. Zusätzlich kamen etwa 2 Millionen deutsche Soldaten um.

1919   Am 5. Januar beginnt in Berlin der Spartakus-Aufstand der radikalen Linken, den die SPD-Regierung militärisch niederschlagen lässt. Er endet am 15. Januar mit der Ermordung der Spartakus-Führer Karl Liebknecht und Rosa Luxemburg durch Freikorps. Am 19. Januar finden Wahlen statt, an denen erstmals auch Frauen teilnehmen. Gewinner ist eine Koalition aus SPD, Zentrum und der linksliberalen DDP. Am 6. Februar tritt dann im ruhigeren Weimar die Nationalversammlung zusammen, wählt Friedrich Ebert zum Reichspräsidenten und beginnt mit der Ausarbeitung einer Verfassung.

In Bayern wird unterdessen am 21. Februar der bayerische Ministerpräsident Kurt Eisner erschossen, in der Folge kommt es zu Unruhen. Am 7. April wird die bayerische Räterepublik gegründet, die Reichswehr und Freikorps am 2. Mai gewaltsam wieder beenden.

Wenig später werden die Bedingungen des Friedens-
vertrags von Versailles bekannt, der am 28. Juni unterzeichnet wird. Am 11. August verabschiedet die
Nationalversammlung die Verfassung der „Weimarer
Republik".

1920 Im März putschen Freikorps und Reichswehreinheiten
unter Führung von Wolfgang Kapp und besetzen die
Regierungsgebäude in Berlin. Der Chef der Reichswehr
weigert sich zwar, gegen ehemalige „Kameraden" aktiv zu werden, doch der Putsch scheitert nach wenigen
Tagen am passiven Widerstand der Beamten und an
einem Generalstreik der Gewerkschaften. In Thüringen,
Sachsen und im Ruhrgebiet entstehen bewaffnete Ver-
bände unter kommunistischer Leitung. Ihr Widerstand
richtet sich nicht nur gegen die Putschisten, sondern
auch gegen die Regierung und wird mit Hilfe von Freikorps niedergeschlagen. Bei den Reichstagswahlen am
6. Juni gerät die SPD in die Opposition.

1921 Die Alliierten fordern Reparationszahlungen von 226
Milliarden Goldmark. Als die deutsche Regierung diese
Forderung zurückweist, besetzen die Franzosen Städ-
te im Ruhrgebiet. Schließlich wird die Summe auf 132
Milliarden Mark heruntergesetzt. Im August erschießen
Rechtsradikale Matthias Erzberger, der die deutsche Ka-
pitulation unterschrieben hatte.

1922 Außenminister Walter Rathenau schließt mit der Sowjetunion den Vertrag von Rapallo ab, der die Aufnahme von diplomatischen Beziehungen zwischen Deutschland und der Sowjetunion sowie einen Verzicht auf russische Reparationsforderungen enthält. Im Juni wird Rathenau von rechtsradikalen Offizieren umgebracht.

1923 Als die Deutschen mit ihren Reparationszahlungen in Rückstand geraten, besetzen die Franzosen das Ruhrgebiet. Die Bevölkerung reagiert mit einem passiven Widerstand, der von ganz Deutschland unterstützt wird. Dieser „Ruhrkampf" kostet das Reich täglich 40 Millionen Mark. Um diese immensen Kosten aufzubringen, druckt die Regierung mehr Geld. Dies führt wiederum zu einer massiven Inflation. Ende September erklärt Reichskanzler Gustav Stresemann ein Ende des Widerstands. In München versucht die Nationalsozialistische Deutsche Arbeiterpartei (NSDAP), geführt von Ludendorff und Adolf Hitler, zu putschen. Am 15. November macht die Einführung der an den Dollar gekoppelten Rentenmark der Inflation ein Ende.

1925 Nach dem Tod Friedrich Eberts wird General Paul von Hindenburg neuer Reichspräsident. Außenminister Gustav Stresemann erkennt im Vertrag von Locarno die deutschen Nachkriegsgrenzen an. Im Gegenzug räumen die Briten einen Teil des besetzten Rheinlands.

1926 Deutschland wird in den Völkerbund aufgenommen und Stresemann erhält für seine Aussöhnungspolitik zusammen mit dem französischen Außenminister Aristide Briand den Friedensnobelpreis.

Die „Goldenen Zwanziger"

Die „Goldenen Zwanziger" umfassten in Deutschland genau genommen nur die fünf Jahre zwischen 1924 und 1929. In dieser Zeit kam es dank amerikanischer Milliardenkredite zu einer Konsolidierung der Wirtschaft. Dazu kam eine Blüte von Kultur und Wissenschaft: Vor allem in den Gebieten Literatur, Theater, Film, Architektur und Naturwissenschaften brachte es Deutschland zu Weltruhm. Allerdings konnten die nationalistischen Kreise damit nichts anfangen und betrachteten die deutsche Avantgarde als „entartet" und „ausländisch unterwandert". Viele herausragende Künstler und Wissenschaftler hielten diesen Anfeindungen nicht stand und emigrierten, darunter zum Beispiel Albert Einstein.

1929 Die Alliierten regeln die Reparationszahlungen neu. Bis 1988 sollen jedes Jahr 2 Milliarden Mark abgeleistet werden. Obwohl sich die Situation so faktisch verbessert, sorgt die lange Laufzeit für Empörung bei Politikern und Bürgern. Die Deutsche Nationale Volkspartei (DNVP) und die bis dahin recht bedeutungslose NSDAP starten eine Hasskampagne gegen die demokratischen

Kräfte. Am 3. Oktober stirbt mit Gustav Stresemann der renommierteste Politiker der damaligen Demokratie. Am 25. Oktober kommt es zum ersten Crash an der New Yorker Börse, der die mehrere Jahre andauernde Weltwirtschaftskrise auslöst.

1930 Da sich die Mitglieder der Regierungskoalition nicht auf Maßnahmen gegen die Wirtschaftskrise einigen können, bildet Reichspräsident Hindenburg eine Minderheitsregierung mit dem Zentrumspolitiker Heinrich Brüning als Kanzler. Neuwahlen machen die NSDAP zur zweitstärksten Fraktion. Zusammen mit den ebenfalls erstarkten Kommunisten sorgen sie dafür, dass das Parlament völlig arbeitsunfähig wird. Brünings Versuch, den Staatshaushalt durch Erhöhung der Steuern und eine Senkung der Sozialausgaben zu konsolidieren, vergrößert das Elend der Massen. Die politische Auseinandersetzung ist mittlerweile von Straßenschlachten paramilitärischer Gruppen, allen voran der SA, geprägt.

1932 Die Arbeitslosenzahl übersteigt 6 Millionen (über 30 Prozent). Im Mai lässt Hindenburg Brüning fallen und setzt ein Minderheitenkabinett unter Franz von Papen ein. Bei den Reichstagswahlen wird die NSDAP mit 37,8 Prozent stärkste Fraktion. Als der Reichstag von Papen das Misstrauen ausspricht, macht Hindenburg Kurt von Schleicher zum neuen Kanzler.

1933 Schleicher findet für seinen Plan, auf Kredit Arbeitsbeschaffungsmaßnahmen zu finanzieren, keine Unterstützung. Auf Drängen nationaler Kreise aus Hochfinanz, Industrie und Großagrariertum ernennt Hindenburg am 30. Januar 1933 Adolf Hitler zum Reichskanzler. Damit ist das von der NSDAP geplante Ziel der „Machtergreifung" ihres Parteivorsitzenden erreicht – und dies mit legalen Mitteln.

1934 Zwischen dem 30. Juni und dem 2. Juli lässt Hitler – unter dem Vorwand, einem Putsch zuvorzukommen – die Spitze der SA und einige andere politische „Problemfälle" wie Ex-Kanzler Schleicher ermorden. Hintergrund sind die Homosexualität des SA-Stabschefs Erich Röhm, seine politische Eigenwilligkeit und die Forderung der Reichswehr nach einer Entmachtung der SA. Mit Polen vereinbart Hitler einen für zehn Jahre geltenden Nichtangriffspakt.

1935 Mit den Nürnberger Rassegesetzen, die Ehen mit Juden verbieten und Juden die vollen Bürgerrechte aberkennen, beginnt die systematische Erniedrigung und Entrechtung der deutschen Juden. Bis zum Kriegsbeginn wandert die Hälfte von ihnen wegen der immer größeren Repressionen aus. Allerdings steht dieser Weg nur denjenigen offen, die Geld haben und ein Visum für ein anderes Land bekommen.

1936 Am 7. März lässt Hitler das laut Versailler Vertrag entmilitarisierte Rheinland besetzen. Die 48 Stunden danach, so sagt er später, seien die aufregendsten seines Lebens gewesen. Doch die Alliierten belassen es bei Protesten. Dafür gelingt es Hitler, die Olympischen Spiele in Garmisch-Partenkirchen und Berlin zu einem großen propagandistischen Erfolg zu machen.

1938 Am 12. März marschiert Hitler in Österreich ein, setzt eine nationalsozialistische Regierung ein und vollzieht den Anschluss Österreichs an Deutschland, der laut Versailler Vertrag verboten ist. Im September ringt er auf der Münchner Konferenz den Staatschefs von Italien, Frankreich und Großbritannien ihre Zustimmung zur Besetzung des Sudetenlandes ab und erklärt danach, keine territorialen Ansprüche mehr zu haben. Großbritannien und Frankreich geben trotzdem eine Garantie für das restliche Tschechien ab. In der Nacht vom 9. auf den 10. November inszeniert Goebbels schwere Ausschreitungen gegen jüdische Wohnungen, Geschäfte und Synagogen (Novemberpogrom oder „Kristallnacht"). Kurz darauf wird alles jüdische Eigentum beschlagnahmt.

1939 Am 15. März besetzt Hitler auch den Rest Tschechiens und fordert von Polen Danzig. Frankreich und Großbritannien geben nun eine Garantieerklärung für Polen

ab. Am 23. August schließt Hitler mit Stalin einen Nichtangriffspakt und einigt sich mit ihm auf eine Aufteilung
Polens. Am 1. September beginnt er den Krieg gegen
Polen und löst somit den Zweiten Weltkrieg aus. Ende
des Monats ist Polen bereits geschlagen und General-
gouverneur Hans Frank beginnt mit der Vernichtung der
polnischen Bildungs- und Führungsschicht. Frankreich
und Großbritannien erklären Deutschland daraufhin am
3. September den Krieg. Am 8. November verübt der
Münchner Widerstandskämpfer Georg Elser ein Attentat auf Hitler, das jedoch scheitert.

1940   Im April überfällt Hitler Dänemark und Norwegen und
besetzt beide Länder, am 10. Mai marschiert er in die
Beneluxstaaten ein und beginnt den Krieg gegen Frankreich, der am 22. Juni mit der französischen Kapitulation endet. Im August nimmt Hitler Luftangriffe gegen
Großbritannien auf.

Der Holocaust

Während die NS-Führung 1938 noch Pläne wie die Depor-
tation aller deutschen Juden nach Madagaskar erwog, begann mit der Eroberung der osteuropäischen Länder die
systematische Ermordung der Juden. Zunächst mussten
sie in Polen in Ghettos leben, in die auch deutsche Juden
deportiert wurden. SS-Einheiten führten Massenmorde
durch. Im Dezember 1941 wurde in Chelmno das erste

Vernichtungslager errichtet. Auf der Wannseekonferenz (20. Januar 1942) wurde dann die endgültige Ermordung aller europäischen Juden beschlossen. Am Ende wurden etwa zwei Drittel (6 Millionen) aller europäischen Juden getötet. Auch einige Hunderttausend Sinti und Roma, rund 100 000 Kommunisten, eine ähnliche Zahl behinderter Menschen, einige Zehntausend Homosexuelle und bis zu 5 000 Zeugen Jehovas wurden systematisch vernichtet.

1941   Am 6. April überfällt Hitler Griechenland und Jugoslawien. Am 22. Juni greift er Russland an. Dabei fordert er die Soldaten zu brutalem Vorgehen auf. Nach der Kriegserklärung der USA an den japanischen Verbündeten erklärt Hitler am 11. Dezember seinerseits den USA den Krieg.

1942   Im Mai beginnen Briten und Amerikaner einen Bombenkrieg gegen Deutschland.

1943   (2. Februar) Die 6. Armee kapituliert in Stalingrad. In der Folge rückt die Rote Armee gegen Deutschland vor. Die stalinistische Führung weist die Soldaten ausdrücklich an, sich für die Gräueltaten der Deutschen zu rächen.

1944   Am 6. Juni beginnt die Invasion der Alliierten in der Normandie. Am 20. Juli scheitert ein Attentat aus Militärkreisen (unter anderem durch Graf von Stauffenberg) auf Hitler, dem ein Putsch folgen sollte. Ungefähr 200 Beteiligte und Verdächtigte werden darauf hingerichtet. Im September werden alle Männer zwischen 16 und 60 zum Volkssturm eingezogen. Am 21. Oktober wird Aachen von den Alliierten besetzt.

1945 Am 30. April begeht Hitler in seinem Berliner Bunker Selbstmord. Am 8. Mai kapituliert die deutsche Wehrmacht. Deutschland wird von sowjetischen, US-amerikanischen, britischen und französischen Truppen besetzt. Auf der Konferenz von Potsdam erkennen die Westalliierten die von Stalin geschaffene Oder-Neiße-Grenze und die bereits laufende Vertreibung von 10 Millionen Deutschen aus Osteuropa an. Im November beginnen die Nürnberger Prozesse, die Deutschland und der Welt erstmals das wahre Ausmaß des NS-Terrors vor Augen führen. Der Prozess gegen die Hauptangeklagten endet am 16. Oktober 1946 mit zwölf Hinrichtungen. Es folgen Prozesse gegen weniger prominente Nazis. Rund 1 000 Menschen werden hingerichtet, Zehntausende in ehemalige Konzentrationslager gesteckt. In der sowjetischen Besatzungszone kommen in Sachsenhausen und Buchenwald rund 43 000 Menschen um. Außerdem beginnt dort eine sozialistische Umgestaltung, zum Beispiel durch Bodenreformen. Rund 1 000 Betriebe werden abgebaut und als Reparation in die Sowjetunion gebracht.

Die Opfer in Zahlen

Durch den Zweiten Weltkrieg und den NS-Terror starben ungefähr 55 Millionen Menschen, davon etwa die Hälfte Zivilisten. Die meisten Opfer gab es auf russischer Seite mit etwa 21 Millionen Toten. Prozentual am schlimmsten betroffen war Polen mit etwa 6 Millionen Toten, fast ausschließlich Zivilisten, von denen drei Viertel in den deutsch besetzten, ein Viertel in den russisch besetzten Gebieten starben. In den Konzentrationslagern kamen etwa 7 Millionen Menschen um, eine halbe Million Häftlinge überlebten. Von den 7 Millionen deutschen Toten waren etwa 4 Millionen Soldaten, 2 Millionen Opfer der Vertreibungen im Osten und eine halbe Million Opfer der Bombardierungen.

1946 (22. April) Die Kommunistische Partei Deutschlands (KPD) und die SPD werden in der Sowjetzone zur Sozialisten Einheitspartei Deutschlands (SED) zusammengeschlossen und vereinigt.

1948 Die Sowjets verlassen am 20. März den gemeinsamen Kontrollrat über Deutschland. Elf Tage später stellen die Amerikaner die Entnazifizierung ein und konzentrieren sich ganz darauf, Wirtschaft und Verwaltung in der Westzone wiederaufzubauen. Dadurch kommen zahlreiche NS-Größen ungeschoren davon. Deutschland erhält 1,6 Milliarden Dollar Wirtschaftshilfe, zudem plant

US-Außenminister George C. Marshall ein Wiederauf-
bauprogramm für Europa. Da sich die Sowjetunion
daran nicht beteiligen will, führen die Westalliierten in
ihren Zonen am 20. Juni die D-Mark (DM) ein. Drei Tage
später bekommt der Osten eine eigene Währung. Als
die Westalliierten auch in ihren Berliner Sektoren die
Westwährung einführen, reagiert Stalin mit einer Blo-
ckade der Stadt, die bis zum 12. Mai 1949 dauert. In
dieser Zeit versorgen Amerikaner und Briten Berlin über
eine „Luftbrücke". Die SED bekennt sich auf einem
Parteitag klar zur Ostbindung der Sowjetzone und zum
Plan, eine sozialistische Volksrepublik aufzubauen. Daraufhin beginnt der Volksrat mit der Ausarbeitung einer Verfassung, ab dem 1. September nimmt auch der
Parlamentarische Rat in den Westsektoren die Arbeit an
einer Verfassung auf.

1949   In den drei Westsektoren tritt am 24. Mai das „Grund-
gesetz" in Kraft, im Sowjetsektor am 7. Oktober die
Verfassung der DDR. Damit werden die Bundesrepublik
Deutschland und die Deutsche Demokratische Republik
gegründet. Am 15. September wird in der BRD Konrad
Adenauer zum Bundeskanzler einer christlich-liberalen
Koalition gewählt.

1951   Die Grenzen zwischen der BRD und der DDR werden
geschlossen.

1952   Auf Anregung Adenauers und des französischen Außenministers Robert Schumann kommt es zur Gründung einer „Europäischen Gemeinschaft für Kohle und
Stahl" (Montanunion), der auch Italien und die Benelux-
länder beitreten. Sie ist die Keimzelle der Europäischen
Union (EU).

1953   (16. bis 17. Juni) Eine Heraufsetzung der Arbeitsnormen
führt zu einem Streik der Bauarbeiter in Ostberlin, der
am nächsten Tag die ganze DDR erfasst und mit politischen Forderungen verknüpft wird. Der Aufstand wird
von sowjetischen Truppen blutig niederschlagen.

1954   (25. März) Die Sowjetunion erklärt die DDR zum souve-
ränen Staat.

1955   Nach einer heftigen innenpolitischen Debatte um die
Wiederbewaffnung tritt die Bundesrepublik mit den
Pariser Verträgen der WEU (Westeuropäische Vertei-
digungsunion) und der NATO bei und erhält von den
Westalliierten ihre politische Souveränität zurück. Als
Reaktion darauf gründet die Sowjetunion den War-
schauer Pakt.

1961   (13. August) Die DDR schließt mit dem Bau der Berliner
Mauer die letzte Grenzlücke zwischen den beiden deutschen Staaten.

1970   **1980**   1990   **2000**   2010   2020

1967   Inspiriert durch die US-amerikanische Hippie-Bewegung und als Reaktion auf die im Dezember 1966 entstandene Große Koalition, bildet sich in der BRD eine „Außerparlamentarische Opposition" (APO). Als am 2. Juni bei einer Demonstration gegen den Besuch des persischen Schahs in Berlin der Student Benno Ohnesorg von der Polizei erschossen wird, verschärfen sich die Auseinandersetzungen zwischen protestierenden Studenten und konservativen Kräften.

1970   Die BRD schließt mit Polen und der Sowjetunion die ersten Ostverträge, in dem beide Seiten den politischen Status quo anerkennen und sich zu einer Entspannungspolitik verpflichten.

1971   Walter Ulbricht muss seinen Posten als Erster Sekretär der SED an Erich Honecker abgeben.

1972   Das Viermächte-Abkommen über den Status von Berlin und der Grundlagenvertrag, in dem die Beziehungen zwischen den beiden deutschen Staaten geregelt werden, treten in Kraft. Während der Olympischen Sommerspiele in München werden elf israelische Teilnehmer von arabischen Geiselnehmern getötet.

1973   (18. September) BRD und DDR werden in die Vereinten Nationen (UNO) aufgenommen.

1976 Die Ausbürgerung des Musikers Wolf Biermann aus der DDR sorgt für breite Proteste und zieht weitere Ausbürgerungen und Ausreisen nach sich.

1977 Die seit 1968 in der BRD tätige Terrorgruppe RAF (Rote Armee Fraktion) ermordet Generalbundesanwalt Siegfried Buback und Dresdner-Bank-Chef Jürgen Ponto. Im September entführt sie den Arbeitgeberpräsidenten Hanns-Martin Schleyer, um inhaftierte Mitglieder freizupressen. Als das parallel dazu von palästinensischen Terroristen entführte Flugzeug „Landshut" in Mogadischu von Bundesgrenzschutztruppen befreit wird, ermordet die RAF Schleyer. Die inhaftierten RAF-Mitglieder Andreas Baader, Jan-Carl Raspe und Gudrun Ensslin begehen Selbstmord.

1980 Am 13. Januar wird mit den „Grünen" eine neue Partei gegründet, die sowohl für die zunehmende Bedeutung des Themas „Ökologie" steht als auch in der Folge die ökologische Debatte vorantreibt. Die Umweltschutzorganisation Greenpeace wird in Deutschland aktiv.

1983 Trotz heftiger Proteste der Bevölkerung werden gemäß dem NATO-Doppelbeschluss von 1979 neue Atomwaffen in der BRD stationiert. Doch bereits vier Jahre später beschließen die USA und die Sowjetunion im Rahmen des INF-Vertrags ihren Abbau.

1970   **1980**   1990   **2000**   2010   2020

1989   Der Abbau der Grenzanlagen in Ungarn führt zu einer Massenflucht von DDR-Bürgern in die bundesdeutschen Botschaften. Am 19. August wird die ungarisch-österreichische Grenze für drei Stunden geöffnet – 600 Ostdeutsche können daraufhin fliehen. Am 4. September findet in Leipzig im Anschluss an das traditionelle Friedensgebet in der Nikolai-Kirche die erste Montagsdemonstration gegen das DDR-Regime statt. Wenig später werden die Demonstrationen zur Massenbewegung und es bilden sich oppositionelle Gruppen wie das „Neue Forum". Am 30. September bekommen die Flüchtlinge in den Botschaften von Prag und Warschau die Erlaubnis, in den Westen auszureisen. Am 18. Oktober ersetzt das Politbüro der SED Erich Honecker durch Egon Krenz. Am 9. November führt ein Missverständnis zur Öffnung der Grenzübergänge in Berlin, DDR-Bürger können nun das Land ungehindert verlassen. Am 13. November wird Hans Modrow neuer Regierungschef der DDR und richtet am 7. Dezember einen runden Tisch mit Vertretern der oppositionellen Gruppen ein.

1990   Am 18. März finden die ersten freien Volkskammerwahlen der DDR statt. Es gewinnt ein CDU-geführtes Bündnis, das für eine deutsche Wiedervereinigung eintritt. Am 1. Juli wird die Wirtschafts-, Währungs- und Sozialunion vollzogen. Am 12. September wird in Moskau der Zwei-plus-Vier-Vertrag unterzeichnet, mit dem die vier Siegermächte des Zweiten Weltkriegs alle noch vorhandenen Mitspracherechte bezüglich der deutschen Politik aufgeben und Deutschland damit endgültig seine volle Souveränität wiedergeben. Am 3. Oktober treten die „fünf neuen Bundesländer" und Ostberlin der Bundesrepublik bei.

1998 Die Bundestagswahlen am 27. September führen – erstmals in der Geschichte der BRD – zu einer kompletten Abwahl der amtierenden Regierung. Bundeskanzler Helmut Kohl wird durch Gerhard Schröder abgelöst, der eine Regierungskoalition aus SPD und Grünen anführt.

1999 Deutschland beteiligt sich an einem Eingreifen der NATO in den Kosovokrieg, da man einen Völkermord an den Kosovo-Albanern befürchtet.

2005 Nach mehreren verloren gegangenen Landtagswahlen führt Bundeskanzler Gerhard Schröder vorgezogene Neuwahlen herbei, die seine Koalition verliert. Die neue Regierung wird von einer großen Koalition aus Union und SPD gebildet, die von Angela Merkel angeführt wird. Angela Merkel ist damit die erste Bundeskanzlerin in der Geschichte der Bundesrepublik.